10|18
12, avenue d'Italie — Paris XIIIe

Du même auteur
dans la collection 10/18

LE NEUVIÈME NETSUKE, n° 2369
MORTELLE CÉRÉMONIE, n° 2370
L'ÉTRANGER DE KOBE, n° 2442
UNE CHAÎNE DE CHRYSANTHÈMES, n° 2598
SAYONARA DOUCE AMARYLLIS, n° 2680
MORT D'UN DAIMYO, n° 2710
COMME UN SAMOURAÏ, n° 2787
LE SAMOURAÏ RÉCALCITRANT, n° 2871

HAÏKU POUR HANAE

PAR

JAMES MELVILLE

Traduit de l'anglais
par Gilles BERTON

10 18

« Grands Détectives »
dirigé par Jean-Claude Zylberstein

ÉDITIONS PHILIPPE PICQUIER

Titre original :
Haiku for Hanae

ISBN 2-264-01785-6

Pour Clare et Jamie, avec toute mon affection.

Note de l'auteur

J'ai essayé de décrire l'île d'Awaji et sa bourgade principale, Sumoto, telles qu'elles étaient lorsque je les visitai pour la première fois il y a plus de vingt ans, et telles qu'elles étaient d'ailleurs miraculeusement restées, à peu de chose près, à la fin des années 80. Mais ce livre est un ouvrage de fiction, et le Sumoto qui y est évoqué ne correspond pas tout à fait à la réalité. Le véritable sanctuaire shintoïste de Sumoto n'est pas de style Inari et ne ressemble en rien à celui décrit dans ces pages. La ville comporte de nombreuses auberges traditionnelles, mais aucune n'a servi de modèle exclusif pour le Tokiwa du livre. Et surtout, les personnages de cette histoire sont tous sortis de mon imagination.

Le phénomène typiquement japonais de la sorcellerie liée au renard a suscité l'intérêt de nombreux chercheurs, tant nippons qu'étrangers. Lafcadio Hearn — qui a vécu un certain temps dans la province d'Izumo — a écrit dans les années 1890 un charmant essai à ce propos (« Kitsune », intégré dans l'ouvrage *Glimpses of Unfamiliar Japan)*. Ce travail n'a rien perdu de son intérêt. Mais l'étude récente la plus approfondie à propos des croyances et pratiques chamaniques au Japon reste sans conteste le fascinant *The Catalpa Bow*, de Carmen Blacker (Allen & Unwin, 2e éd., 1986).

James Melville

Prélude

Le présent

Hanae Otani sourit lorsque, après s'être tordu le cou en plissant les yeux pour scruter le panneau lumineux installé au-dessus des distributeurs de tickets de la gare Sannomiya à Kobe, son mari se résolut à chausser ses lunettes afin de déchiffrer le prix du ticket pour Akashi. Dans le taxi qu'ils avaient pris pour venir de leur maison des contreforts du mont Rokko jusqu'à la gare, elle lui avait demandé s'il avait pensé à se munir de monnaie, et avait été quelque peu surprise de le voir exhiber, non sans fierté, une des nouvelles « cartes orange » en usage. La carte, qui donnait droit à l'équivalent de dix mille yens de déplacement sur le réseau récemment privatisé des chemins de fer japonais, comportait au dos une photographie en couleurs de la côte à Miyazaki. C'est là qu'ils avaient passé leur brève lune de miel de nombreuses années auparavant, et, tout en s'éloignant des gens agglutinés devant les distributeurs pour attendre son mari à l'écart, Hanae se remémora cette époque où leur existence était encore frugale, incertaine et difficile.

Après avoir inséré sa carte dans une des machines, appuyé sur les boutons indiqués et obtenu leurs deux tickets, le commissaire Tetsuo Otani, chef de la police de la préfecture de Hyogo, rejoignit Hanae devant un vaste panneau publicitaire représentant une gracieuse et élégante matrone qui jetait un regard complice à un compagnon tout aussi bien conservé. L'homme arborait un costume crème immaculé ; la femme une robe bleu ciel et un chapeau blanc à large bord. Otani reconnut en elle une vedette de l'écran des années 50, qui continuait parfois à apparaître dans des feuilletons télévisés, généralement dans des rôles de doctoresse ou de professeur plein de dignité.

— Qu'y a-t-il, Hanae-chan ? On est jalouse ?

— Jalouse ? Pourquoi dis-tu ça ?

Otani se tourna à demi et désigna la publicité.

— Tu as la tête de quelqu'un qui voudrait partir avec un ticket Pleine Lune valable une semaine, des dents refaites à grand prix et des malles toutes neuves comme ce couple-là. Pourquoi pas, après tout ? Il suffit d'avoir plus de quatre-vingt-huit ans à deux, et comme nous les avons largement dépassés...

— Ne parle pas de ça, je te prie !

— Comme tu veux, rétorqua Otani d'un ton jovial. Mais crois-moi, ils vont dépenser une fortune en pressing s'ils ont l'intention de voyager dans cet accoutrement. Et maintenant allons-y, le prochain express part dans huit minutes.

Il était 10 h 30 en ce mardi de mai, et l'heure de pointe était passée depuis longtemps. Pourtant une foule de gens se pressait sur les quais, pas seulement formée des étudiants et ménagères qu'on rencontrait habituellement à cette heure-là. C'est que la période comprise entre le 29 avril, anniversaire de l'empereur, et le 5 mai, fête des Garçons, est connue au Japon sous le nom de Semaine dorée, car, le 1er mai étant également un jour férié, de nombreux employés ajoutent une ou deux journées prises sur leurs propres congés aux trois jours fériés, ce qui leur fait une semaine entière de vacances.

Mais ça, c'était la semaine précédente, et Otani, comme à son habitude, avait fait l'inverse de la plupart. Il s'était porté volontaire pour toute la période des congés, ce qui lui avait valu la gratitude de l'inspecteur Jiro Kimura, qui désirait se rendre en Europe pour dérouiller son français et acheter des vêtements en Italie.

Kimura était l'un des adjoints sur lesquels Otani comptait le plus, raison pour laquelle il avait décidé de rester à son poste pendant son absence. Takeshi Hara était trop jeune et arrivé depuis trop peu de temps pour être à la hauteur, tandis que le vétéran « Ninja » Noguchi, le plus âgé et le plus expérimenté des trois, était le premier à reconnaître qu'il n'avait aucune disposition pour la paperasse. Il avait expliqué à de nombreuses reprises que, sauf cas d'urgence, il était au-dessus de ses forces de s'habiller pour être présentable face à un officiel de la région préfectorale.

A présent la Semaine dorée était terminée, le commissaire avait tranquillement expédié les affaires courantes, Kimura était rentré, vêtu d'un élégant costume Giorgio Armani et chantant les vertus du yen, et le couple Otani partait pour quelques jours de détente sur l'île d'Awaji, qui s'étend comme une grosse poire à quelques encablures à l'ouest de Kobe, sur la mer Intérieure.

Ils trouvèrent deux places à gauche de l'allée centrale. Hanae laissa son regard errer sur l'interminable banlieue occidentale de Kobe tandis qu'Otani parcourait le journal. Lorsque, un quart d'heure plus tard, ils atteignirent Suma, il l'avait lu et était prêt à reprendre la conversation.

— Quand es-tu venue par ici pour la dernière fois ?

— Je ne me souviens pas. Cela doit faire des années.

Je crois bien que je n'y suis pas revenue depuis cette affreuse histoire du château Himeji. Quand était-ce ? Il y a presque huit ans, non ?

Otani répondit par un grognement et frissonna tandis que les paroles d'Hanae lui remettaient en mémoire l'expression de démence qu'il avait lue sur le visage du jardinier lorsqu'ils s'étaient empoignés au sommet de l'imposant rempart de pierre avant de basculer pardessus le garde-fou. Il n'oublierait jamais cette chute d'une dizaine de mètres dans les eaux noires des douves, étreignant l'assassin dans une grotesque parodie de baiser ; pas plus qu'il n'oublierait les quelques minutes de terreur qu'il avait vécues avant qu'on ne le repêche, à demi inconscient, trempé et glacé, vomissant et couvert de boue.

— Excuse-moi, fit Hanae en le regardant d'un air navré. C'est idiot, je n'aurais pas dû en parler.

Mais Otani se ressaisit.

— Bah, ç'aurait pu être pire. Mais je comprends que tu aies eu autre chose en tête que d'admirer le paysage quand tu venais me voir à l'hôpital.

Il tendit le doigt vers la vitre.

— Regarde tous les hôtels qu'ils ont construits en bord de mer.

Entre Suma et Akashi, la voie ferrée longeait la côte, souvent à guère plus de deux cents mètres de la mer, qui ce jour-là étincelait sous le soleil comme sur une brochure d'agence de voyages. Les grappes de pauvres constructions agglutinées le long de la voie qu'ils avaient aperçues depuis Kobe avaient à présent laissé place à des maisons plus cossues. Des marquises en tissu rayé ombrageaient les fenêtres d'immeubles disposant à leur pied, véritable luxe au Japon, de places de parking en nombre suffisant. Hôtels et restaurants avaient poussé comme des champignons, la plupart dotés de terrasses avec vue sur la mer, meublées de tables au parasol multicolore et parfois ornées de petits palmiers destinés à parfaire l'aspect Côte d'Azur de l'endroit.

— Mon Dieu, qu'est-ce que ça a changé !

— Tu peux le dire, fit Otani avec un sourire triste. Bien sûr, beaucoup de gens vivent ici et vont travailler à Kobe ou même à Osaka, mais tu serais étonnée de connaître le nombre d'appartements qui ne sont occupés que durant le week-end ou même les vacances et qui sont vides tout le reste du temps.

— Qui donc a les moyens de s'offrir de telles extravagances ?

— Bah, aujourd'hui, des tas de gens. L'inspecteur divisionnaire de la police d'Akashi nous a signalé l'émergence d'une nouvelle criminalité propre à ces gens qui ont de l'argent à jeter par les fenêtres tout en vivant dans l'oisiveté.

Hanae aurait aimé quelques détails, mais Otani retomba dans le silence jusqu'à l'arrivée du train à Akashi. Comme ils voyageaient léger, Otani ignora la file de taxis qui attendaient devant la gare et, leurs deux sacs en bandoulière, se faufila prestement à travers un groupe compact de bicyclettes garées. Hanae zigzagua prudemment au milieu des vélos et rejoignit son mari de l'autre côté d'une rue animée, devant une succursale de la Mitsubishi Bank.

— Nous ne sommes qu'à quelques minutes à pied du ferry, fit Otani en tendant la main. Regarde ce panneau. Il n'y a qu'à suivre les flèches.

Hanae fut soulagée de constater qu'il avait oublié l'épisode du château Himeji et qu'il avait retrouvé son humeur habituelle. Prenant à gauche, ils longèrent d'un pas plus tranquille une rue bordée de restaurants, de boutiques, d'agences de voyages et de magasins d'articles de sport. Au bout de quelques centaines de mètres, ils arrivèrent au port puis à l'embarcadère du ferry pour l'île d'Awaji, où Otani, après avoir calculé qu'il leur restait vingt-cinq minutes avant le prochain départ, acheta leurs tickets et examina d'un air satisfait la vieille salle d'attente à l'aspect quelque peu délabré.

— Eh bien, je suis heureux de voir que rien n'a bougé ici. Le prix du ticket a augmenté, naturellement, mais tout a le même aspect qu'il y a vingt ans, à part ces voiliers de plaisance. Avant, il n'y avait que des bateaux de pêche.

Hanae lui montra une immense banderole suspendue à un mur voisin, qui portait, en lettres peintes de près d'un mètre de haut, l'inscription : TERMINONS RAPIDEMENT LE GRAND PONT AKASHI !

— Je crains qu'il n'y en ait plus pour longtemps, malheureusement. Bientôt, le ferry deviendra inutile, et Awaji ne sera plus vraiment une île. C'est triste. Mais après tout, c'est pour ça qu'Akira et Akiko s'y sont installés, n'est-ce pas ?

— C'est vrai. Akira n'a rien d'un sentimental. Quand on veut se lancer dans l'agriculture, il vaut mieux être en avance sur la concurrence. Le terrain qu'ils ont acheté l'année dernière a déjà doublé de valeur, parce que les gens ont compris que le pont allait beaucoup faciliter le commerce. Akira va pouvoir charger sa camionnette et être au centre de Kobe en moins de trois quarts d'heure.

Hanae lui jeta un regard furtif. Sachant combien il détestait tout ce qui passait pour du progrès dans le Japon moderne, elle fut touchée par son effort à trouver une justification aux ponts monstrueux qui transformaient peu à peu en un nœud d'autoroutes cette mer Intérieure qu'il aimait tant.

— Et puis, fit-elle avec un sourire, ce sera beaucoup plus facile pour Akiko de nous amener Kazuo. Il y aura certainement des services d'autocars, et maintenant que c'est un petit bonhomme, ils le laisseront peut-être venir tout seul passer quelques jours à la maison.

— Ça m'étonnerait. Le pauvre gosse s'ennuiera à mourir sans ses amis et ses jouets... En attendant, montons à bord.

Hanae resta à l'abri du vent lorsque le ferry se mit en route, alors qu'Otani passa pratiquement les vingt-cinq minutes du trajet dehors, au soleil, appuyé à la rambarde. Elle ne le rejoignit que peu de temps avant l'accostage, lorsque le bateau pénétra dans le petit port d'Iwaya.

— Il reste quelques belles maisons, constata Otani. Mais ce grand hôpital n'existait pas à l'époque où j'ai enquêté sur ce meurtre. Est-ce que tu te rends compte que ça va faire près de vingt ans ? Je n'arrive pas à y croire. Et pourtant, je repense souvent à cette affaire.

— Moi aussi. Te souviens-tu du charmant haïku que tu avais composé pour moi ?

La gorge soudain serrée, Tetsuo Otani plongea son regard dans celui de sa femme, qui souriait à travers ses larmes. Bien sûr qu'il s'en souvenait, et il était impossible qu'Hanae ait oublié, même après tant d'années.

Chapitre 1er

Février 1968

— Oui, c'est une journée déprimante... Mais que peut-on espérer en février, même à Awaji ?

La phrase était conventionnelle, et le visage lunaire qui faisait paraître si jeune l'inspecteur Saburo Takada, pourtant à quelques mois de la retraite, était dépourvu d'expression. Seule la voix trahissait son âge, et son intonation traduisait plus une résignation sans espoir qu'une acceptation philosophique des choses de la vie.

L'inspecteur occupait un bureau exigu mais point inconfortable au premier étage du commissariat de police du district de Sumoto. Lui et Otani buvaient du thé vert. Takada regardait par la fenêtre. Un crachin persistant avait dessiné des taches sombres sur les murs des maisons de bois exposés au vent de l'autre côté de la rue, semblables à des auréoles de sueur sur la chemise d'un homme qui effectue un travail pénible en plein soleil.

Il était 15 h 45. Otani, arrivé à Iwaya par le ferry une heure auparavant, se trouvait au commissariat de Sumoto depuis un quart d'heure. Il éprouva une vive irritation à constater que l'inspecteur Takada en revenait au temps qu'il faisait. Ils en avaient déjà parlé abondamment depuis que Takada était venu l'accueillir à sa descente du ferry, en lui assurant que lui-même et tous ses subordonnés de la police d'Awaji étaient fort honorés de la présence sur l'île d'un collègue de la préfecture de Kobe.

De vingt ans plus jeune que Takada, et de position hiérarchique bien inférieure, Otani avait répondu, comme l'exigeaient les conventions, en exprimant sa stupéfaction ravie de constater que l'inspecteur avait fait tout le voyage jusqu'à Iwaya pour pouvoir l'accueillir en personne, et en s'excusant avec profusion de l'embarras qu'il lui causait en le dérangeant à un moment où il était si occupé. Pendant qu'ils se dirigeaient vers la voiture, Takada s'était de nouveau empressé. Il ne pleuvait presque pas, mais l'inspecteur avait ouvert le parapluie qu'il avait apporté pour Otani et l'avait pressé de s'abriter jusqu'à la voiture, garée à moins de dix mètres de là, tout en lui faisant part de ses regrets de ne pas le recevoir par un temps plus clément.

Une fois débarrassés de ces préliminaires, inévitables au Japon, Otani s'attendait à ce qu'ils parlent du meurtre pendant le trajet de près de quarante kilomètres jusqu'à Sumoto par la côte orientale de l'île. Au lieu de cela, Takada n'avait cessé de lui énumérer les sanctuaires, les petites échoppes et autres banalités qu'ils rencontraient toutes les quelques centaines de mètres, lui annonçant le nom de la douzaine de villages de pêcheurs entre Iwaya et Sumoto, et meublant les intervalles par des commentaires de guide pour touristes.

A leur arrivée à Sumoto, Takada n'avait pu s'empêcher de se répandre en nouvelles excuses, cette fois à propos du délabrement et de l'exiguïté des locaux, ainsi que du désordre qui régnait dans son bureau que, pour sa part, Otani trouva à son goût. Un calendrier touristique orné d'une photographie des célèbres tourbillons de

Naruto était suspendu à gauche d'un bureau dépourvu de tout papier. Sur le mur, derrière Otani, était épinglée une grande affiche représentant les panneaux de signalisation routière, ainsi qu'une fiche de test optique comportant des lignes de caractères phonétiques japonais en ordre de grandeur décroissante. Otani l'avait remarquée en entrant et, tandis qu'il s'asseyait, ferma subrepticement l'œil droit et tenta, en vain, de déchiffrer la ligne du bas. Il n'avait pas vu un test de ce modèle depuis des années. L'opticien chez lequel il avait fait récemment l'acquisition d'une paire de lunettes de lecture utilisait une ingénieuse boîte lumineuse et un appareil qui lui faisait voir des cercles rouges et verts.

— Vous savez, il fait déjà beaucoup plus doux ici qu'à Kobe, et le printemps n'est pas loin, fit vivement Otani qui en avait assez de la météo.

Et pour couper court à toute nouvelle digression sur ce sujet de la part de Takada, il s'empressa d'ajouter :

— Hum... d'après ce que je comprends, il s'agit du premier meurtre commis sur l'île d'Awaji depuis des années, n'est-ce pas ?

Takada parut sur le point d'éclater en sanglots, et pendant quelques secondes fit jouer les muscles de sa bouche avant d'aborder la pénible raison de la présence d'Otani dans son bureau.

— Comment une telle chose a-t-elle pu nous arriver ? geignit-il. Et un étranger, par-dessus le marché ! Cent mille Japonais vivent heureux sur cette île, inspecteur, et nous accueillons chaque année des milliers de touristes venus de tout le pays. Quand par hasard un étranger débarque, les gens de l'île se mettent en quatre pour lui être agréables, bien que nous n'ayons aucun hôtel digne de ce nom, que les étrangers soient incapables de manger avec nos baguettes et qu'ils...

— Mais ce jeune Américain n'était pas un touriste, que je sache ?

Otani n'avait pas une bien meilleure opinion des Occidentaux que l'inspecteur Takada, mais il lui parut urgent d'interrompre ce monologue sur leurs nombreuses bizarreries.

— C'est ce que j'allais vous dire. C'est déjà délicat pour nous quand ils ne viennent que pour visiter, alors vous imaginez... deux étrangers qui viennent *s'installer* ici ! Il était inévitable qu'ils nous créent des ennuis.

— Un meurtre est toujours ennuyeux... mais en premier lieu pour la victime, vous ne pensez pas ?

Takada parut d'abord dérouté, puis une expression suspicieuse se peignit sur son visage. Otani en conclut qu'il appartenait à cette école de pensée, influente au sein de la police, qui professait que la plupart des victimes de meurtres étaient des fauteurs de troubles qui ne récoltaient que ce qu'ils avaient cherché. Cette théorie était plausible au Japon, où la grande majorité des meurtres étaient commis par un parent de la victime, ou survenaient au cours des querelles entre gangsters pour le contrôle de territoires.

— Quoi qu'il en soit, reprit Takada avec hauteur, du fait que cette affaire très inhabituelle concerne un *gaijin*, j'ai jugé préférable de confier la totalité de l'enquête à des experts.

Otani n'en crut pas ses oreilles.

— Vous voulez dire que vous n'avez effectué aucune recherche depuis la découverte du corps hier matin ?

— Aucune. J'ai pensé qu'il valait mieux vous laisser le champ libre pour votre propre enquête.

Une idée insensée germa dans l'esprit d'Otani, et il s'éclaircit bruyamment la gorge avant de la formuler.

— Vous... hum... n'avez tout de même pas laissé le cadavre sur place ?

Takada parut avoir oublié son irritation à l'encontre d'Otani. Il se redressa sur son siège et soupira en secouant lentement la tête.

— Non, et je le regrette, croyez-moi. Je suppose que vous auriez préféré qu'il en soit ainsi, mais le docteur qui a examiné le corps a insisté pour qu'il soit transporté à la morgue.

Son visage s'éclaira soudain.

— Mais il a été photographié *in situ*. Je me suis souvenu que c'est ce qu'on nous enseignait. Quand j'étais jeune, nous nous inquiétions toujours de savoir si les photos allaient *sortir*, mais aujourd'hui, je crois savoir qu'il n'y a aucun risque. Espérons que ce sera le cas avec celles-ci. Je demanderai qu'on vous les remette.

Durant le trajet depuis Kobe, Otani s'était promis de veiller à ménager la susceptibilité de l'officier responsable au plan local, qui aurait pu être froissé d'avoir à collaborer avec un policier beaucoup plus jeune que lui venu de la Préfecture. A présent, il contemplait l'inspecteur Takada avec un sentiment proche de l'effroi. Il savait que l'île d'Awaji ne disposait pas de section d'enquête criminelle. Il était donc logique que Takada ait fait appel à quelqu'un de l'extérieur. Mais ce que ne parvenait pas à comprendre Otani, c'était le manque total d'intérêt que manifestait son collègue envers ce qui était probablement le crime le plus spectaculaire commis à Awaji depuis qu'il y commandait la police.

— Oui. Je vois. Le champ libre. Eh bien, je vous remercie. Je suppose que vous-même ne vous êtes pas rendu sur les lieux ?

— Non, en effet. J'ai passé toute la journée d'hier à l'hôtel de ville, enfermé avec le maire et le chef du département financier. Nous devions examiner le budget municipal de l'année prochaine. Vous comprenez certainement que c'est un grand privilège pour moi que d'être invité à participer à ces discussions. Il aurait été de la plus haute inconvenance d'invoquer quelque raison spécieuse pour ne pas y assister.

— Je vois. C'est donc probablement votre adjoint qui s'est rendu sur place.

— Malheureusement, l'inspecteur adjoint Kuroda est absent ces jours-ci car il participe à un stage au centre de formation préfectoral. Je ne me souviens pas exactement sur quoi. Encore une de ces théories à la mode sur la gestion administrative, j'imagine. C'est le jeune Higashida qui s'est occupé de faire le nécessaire. C'est pourquoi j'avais l'intention de vous proposer ses services jusqu'à ce que vous ayez tiré tout ça au clair. Cela vous conviendrait-il ? Après tout, vous préférez sans doute ne pas m'avoir dans vos pattes, d'autant que j'ai pas mal de travail en ce moment... Je serai naturellement très heureux d'apprendre qui a tué ce jeune Américain. Et puis, avec un peu de chance, le second va peut-être déguerpir, n'est-ce pas ?

L'un des grands atouts professionnels d'Otani était son impénétrable visage de joueur de poker, mais dans une telle situation, il eut du mal à conserver son impassibilité. Il choisit donc soigneusement ses mots.

— Je vous remercie. Cette conversation m'a été d'une aide précieuse, et je m'aperçois que j'ai déjà bien trop abusé de votre temps. J'apprécie beaucoup que vous me laissiez le champ libre, et vous remercie pour l'offre d'assistance de l'inspecteur adjoint Higashida...

Il s'interrompit en voyant Takada réprimer un ricanement malicieux.

— Mon cher, j'ai peur que vous n'alliez trop vite en

besogne. Un jour peut-être, espérons-le, Higashida deviendra inspecteur adjoint mais, pour l'instant, il n'est encore qu'un simple agent. Brillant, vous verrez. D'ailleurs je vais le faire monter pour que vous puissiez vous faire votre propre opinion. Ah ! Et puis je lui dirai de vous remettre tous les papiers concernant cette affaire. Je suis sûr que ça vous intéressera.

— Je vous ai réservé une chambre à l'auberge Tokiwa, inspecteur. Ce n'est qu'à cinq minutes à pied, mais peut-être voudriez-vous prendre une voiture... ?

— Non, allons-y à pied. Je n'ai pas beaucoup de bagages, comme vous voyez.

En plus de l'imperméable qu'il portait par-dessus son costume bleu, Otani avait apporté, pliés dans un carré de soie feuille-morte, deux paires de chaussettes, deux chemises et quelques sous-vêtements de rechange. A part ses vêtements, son balluchon contenait son vieux rasoir pliant, deux paquets de cigarettes Peace Brand et une récente édition japonaise du livre d'Agatha Christie *Le Chat et les pigeons*, qu'Hanae avait glissé à son insu dans ses affaires pour lui faire une surprise, sachant qu'il aimait se délasser avec Hercule Poirot, qui l'amusait, bien qu'il fût plutôt un fan de Nero Wolfe. Vers la fin des années 60, un nombre croissant de Japonais choisissaient des serviettes, des sacs à fermeture Éclair ou même des valises pour partir en voyage, mais Otani ne connaissait rien de plus pratique qu'un *furoshiki* de soie que l'on pouvait, lorsqu'on n'en avait pas besoin, aisément plier et glisser dans sa poche.

Otani, serrant sous son bras l'enveloppe cartonnée du dossier de l'affaire, et l'agent Higashida, transportant le balluchon de l'inspecteur, se mirent en route. Un inspecteur criminel et un agent qui ne devait pas avoir plus de vingt-cinq ans constituaient aux yeux d'Otani une équipe d'investigation plutôt maigre, mais il était déjà d'une bien meilleure humeur que lorsque Takada, après des présentations réduites au minimum, les avait poussés tous deux vers la porte avec un soulagement évident, grommelant à propos de la réunion qu'il les convoquerait aussitôt que ce qu'il appelait « ce malheureux contretemps » serait résorbé.

Higashida était un jeune homme tout en muscles, légèrement plus grand qu'Otani, qui songea qu'il avait dû naître pendant la guerre. L'inspecteur avait fini par s'habituer à commander de jeunes recrues qui avaient une tête de plus que lui, mais il était heureux d'être tombé sur un adjoint provisoire d'une taille sensiblement égale à la sienne. Le regard d'Higashida pétillait d'intelligence, et Otani le trouvait plutôt séduisant, malgré quelques boutons sur le menton et une coupe de cheveux si rase que son crâne, à présent pudiquement dissimulé sous une casquette, ressemblait à une vieille brosse à chaussures.

— Ce sera pratique de loger si près du commissariat, remarqua Otani alors qu'ils tournaient dans une ruelle guère plus large qu'un passage. Comment se présente ce Tokiwa ?

— Pas très grand, mais très bien tenu. Une demi-douzaine de chambres, à mon avis, peut-être une dizaine. Ils n'affichent complet que pendant l'été. Mais c'est aussi un très bon restaurant. Le maire y invite parfois ses visiteurs importants. Je pense que vous vous y trouverez bien. Cela dit, ce n'est pas la seule raison pour laquelle je l'ai choisi.

— Ah ?

Higashida ralentit le pas.

— Inspecteur, j'espère que vous ne me trouverez pas présomptueux... commença-t-il d'un air hésitant.

Otani s'immobilisa et lui fit face.

— Agent Higashida, il semble que vous soyez le policier de Sumoto qui sache le plus de choses sur cette affaire. On vous a également ordonné de m'assister, et je suis sûr que vous vous acquitterez très bien de cette tâche. Alors laissez-moi vous dire dès maintenant que je compte sur votre entière coopération. Vous ne devez pas hésiter à me mettre au courant de tout ce qui peut vous paraître digne d'intérêt. Je vous demande donc pourquoi vous me faites loger au Tokiwa ?

Le policier novice et l'inspecteur se fixèrent un bon moment en silence, ce qui permit à Otani de se convaincre qu'ils s'entendraient parfaitement.

— Compris, inspecteur. Je ferai de mon mieux. Eh bien, tout d'abord, c'est l'un des deux ou trois seuls établissements qui conviennent à un officier de votre rang, de sorte que personne ne verra rien d'extraordinaire à votre présence là-bas. Deuxièmement, le Tokiwa est proche non seulement du commissariat, mais aussi du sanctuaire Inari où a été retrouvé le corps.

— Et troisièmement ? fit Otani qui voyait bien qu'il y avait autre chose.

— Troisièmement, inspecteur, je soupçonne fortement les gens de l'auberge de savoir quelque chose sur cette affaire.

Chapitre 2

Intrigué par les paroles d'Higashida, Otani fut tenté de lui tirer les vers du nez avant de se présenter à l'auberge Tokiwa. Mais d'un autre côté, il ne tenait pas à se faire remarquer en s'arrêtant dans la rue pour converser avec un policier en uniforme, de sorte qu'il se contenta d'essayer d'en savoir plus tout en poursuivant son chemin. C'est ainsi qu'en arrivant à l'auberge il en avait suffisamment appris pour reconnaître, dans la femme en kimono qui les accueillit, Mme Etsuko Suekawa, épouse du propriétaire.

L'auberge était un bâtiment en bois de style traditionnel d'un étage, dont les fenêtres du rez-de-chaussée côté rue étaient protégées par des volets à claire-voie. N'était la discrète pancarte placée à côté de la porte, la maison aurait pu passer pour une spacieuse demeure privée. La pancarte était formée d'une simple planche de bois où étaient gravés quatre caractères chinois passés à la peinture dorée : les deux premiers, à gauche, disaient *ryokan*, ou « auberge », et les deux de droite *tokiwa*, « de verdure ».

Si Mme Suekawa ne les avait pas guettés, c'est qu'elle était douée de prescience, car la porte coulissante s'ouvrit à leur arrivée et elle-même s'agenouilla sur la partie surélevée de la petite entrée, où, s'inclinant respectueusement, elle récita à mi-voix des formules de politesse. Les deux hommes entrèrent et Higashida présenta son supérieur. Plusieurs secondes s'écoulèrent avant que la femme ne relève la tête et qu'Otani puisse voir son visage. Elle était soigneusement maquillée, mais, même sans cela, son visage retenait le regard. Otani estima qu'Etsuko Suekawa ne devait pas avoir atteint les quarante ans, ce qui lui faisait donc à peu près cinq ans de moins que lui. Lorsque, ses lacets défaits, il s'apprêta à ôter ses chaussures pour poser le pied sur la marche de bois poli, la femme se leva et l'invita à entrer. Elle était grande pour une Japonaise : environ un mètre soixante-cinq. A ce moment, surgie de l'arrière de la maison, apparut une servante qui, avec un hochement de tête distrait, s'empara du balluchon et de l'imperméable qu'Otani avait quitté en arrivant et les suivit, posant l'imperméable en chemin. L'agent Higashida avait apparemment l'intention de se joindre au petit groupe, mais délacer ses chaussures montantes n'était pas une mince affaire, et Otani dut s'arrêter pour l'attendre.

Une rangée de chaussons était disposée à l'entrée d'un couloir au parquet de bois poli, et ils en enfilèrent chacun une paire avant que Mme Suekawa ne les précède dans le couloir, indiquant au passage la porte de la salle de bains sur leur gauche. L'habituelle porte coulissante pourvue de panneaux de verre dépoli était entrebâillée, et lorsqu'il jeta un coup d'œil dans la petite pièce, Otani aperçut un visage se découper brièvement dans l'ouverture avant de se retirer.

L'escalier et le parquet du couloir du premier étage étaient également en bois poli et, avant même que Mme Suekawa ne s'arrête devant la troisième porte coulissante à droite et ne s'agenouille une nouvelle fois pour l'ouvrir, Otani avait décidé que malgré l'apparition déconcertante du visage à la porte de la salle de bains, le Tokiwa lui conviendrait parfaitement.

Respectant le rituel que commande l'arrivée d'un hôte dans une auberge japonaise traditionnelle, Otani s'installa docilement à la place d'honneur, sur un coussin *zabuton* placé devant la table basse en bois laqué, le dos à la cloison de l'alcôve dans laquelle était suspendue une peinture sur soie de style chinois représentant des branches de pruniers en fleur, et se prépara à faire honneur au gâteau et au thé vert qu'il savait lui être bientôt servis. Higashida rangea le balluchon d'Otani dans un coin et s'installa de l'autre côté de la petite table. La servante avait déjà disparu, et, après un nouveau bouquet de courtoisies, Mme Suekawa en fit autant.

— J'aime beaucoup cette chambre, fit Otani en jetant un regard circulaire. Au moins huit tatamis, à ce qu'il me semble. C'est très spacieux.

En réalité, la pièce était encore plus vaste que ce que croyait Otani, car en plus de l'espace recouvert de tatamis où ils se trouvaient, il y avait près de la fenêtre un carré de sol couvert de parquet, assez grand pour laisser la place à une table au plateau de verre et deux fauteuils en osier à l'occidentale. Les écrans coulissants des *shoji* étaient ouverts, découvrant une fenêtre donnant sur un petit jardin.

— Je suis sûr qu'ils prendront soin de vous, inspecteur.

— En tout cas, Mme Suekawa m'a paru très empressée.

Il consulta sa montre.

— Seize heures passées. Un peu tôt pour un bain, non ? A moins qu'ils ne soient alimentés par des sources chaudes ?

— Il y a en effet une station thermale juste au sud de Sumoto, et à mon avis on a dû canaliser une partie de l'eau jusqu'en ville. Je ne sais pas comment ça fonctionne ici à l'auberge mais, comme ils vous attendaient, ils vous auront certainement préparé un bain...

Higashida se tut en entendant coulisser une nouvelle fois la porte. La servante entra avec un grand plateau qu'elle posa à côté de la table. En silence, elle plaça devant chacun d'eux un bol posé sur une soucoupe de bois laqué, ainsi qu'une assiette assortie. Otani découvrit avec satisfaction que chaque assiette contenait une part de purée de fèves accompagnée de la palette en bambou avec laquelle on la mange. Il préférait la purée de fèves aux gâteaux japonais.

— Je m'appelle Otani, annonça-t-il à la servante.

A l'aide d'une petite théière, elle leur servit du thé vert auquel elle ajouta de l'eau bouillante d'une Thermos.

— Montrez-moi vos bonnes grâces, je vous prie, ajouta-t-il.

La jeune fille répondit d'un ton à peine poli à cette formule consacrée.

— Ito, Noriko, lâcha-t-elle comme si elle répondait à un interrogatoire d'identité administratif.

Otani apprécia son petit visage éveillé, mais elle arborait en se relevant une expression dédaigneuse et il la regarda quitter la chambre avec curiosité. Puis il se tourna vers Higashida, dont les joues avaient tourné au rouge brique.

— Vous n'avez pas eu le temps de me parler de cette jeune personne, fit-il. Elle n'a pas l'air enchantée de ma présence.

— Je suis navré, inspecteur.

— Je ne comprends pas pourquoi vous vous excuseriez. C'est une jolie fille, vous ne trouvez pas ? Ou du moins elle pourrait l'être, si elle daignait sourire de temps en temps. Qui est-ce ? Une fille ? Une nièce ? Qui donc ?

Higashida, toujours aussi embarrassé, ouvrit la bouche pour parler, la referma, se leva, alla à la porte et jeta un coup d'œil dans le couloir. Ce n'est qu'une fois assuré qu'il n'y avait personne à portée d'oreille qu'il retourna s'asseoir sur son zabuton et entreprit de répondre à la question d'Otani.

— Mlle Ito est un cas particulier, inspecteur. D'après ce que je sais, elle n'a aucun lien de parenté avec les Suekawa. Elle vient d'une famille de paysans d'Hiroda, à une quinzaine de kilomètres au sud-ouest d'ici. Au centre de l'île. Il... hum... semble qu'elle se soit querellée avec sa famille à propos d'un projet de mariage que ses parents avaient arrangé, et elle a décidé de faire sa vie. Elle... enfin, le fait est, inspecteur, qu'elle est connue des services de police.

— Tiens ? Voulez-vous dire qu'elle a commis quelque délit ?

Le visage d'Higashida passait par toutes les couleurs de l'arc-en-ciel.

— Non, pas du tout. Rien à voir avec ça. C'est juste qu'elle est communiste, voyez-vous. Elle est abonnée au *Drapeau rouge* et assiste aux meetings de son organisation. Elle y croit dur comme fer et n'a jamais fait mystère de ses opinions. Alors vous comprenez, inspecteur, avec l'Exposition internationale qui doit se tenir à Osaka en 1970 et ce que nous mijotent les étudiants contestataires à Tokyo et Kyoto, on nous a ordonné d'ouvrir l'œil.

— Oui, oui, je sais. J'ai moi-même rédigé certaines des circulaires dont vous avez eu connaissance.

Otani réalisa brusquement que Noriko Ito avait adopté la même attitude que sa fille Akiko quand ils en venaient à se disputer à propos du rôle de la police dans la société japonaise.

— Et donc vous tenez cette subversive à l'œil, hé ?

Un bref sourire anima son visage endurci.

— Mais vous ne croyez pas sérieusement qu'elle constitue un danger pour notre société, n'est-ce pas ? Au fond, et je m'excuse d'être aussi indiscret, j'ai l'impression que vous l'aimez bien.

— C'est une fille très intelligente, inspecteur. Et je la trouve sympathique.

Higashida prononça ces mots avec un certain défi, et Otani se réjouit de la spontanéité avec laquelle le jeune agent s'ouvrait à un supérieur.

— Je l'ai très peu vue, mais je vous comprends. Dites-moi, quand vous avez évoqué les raisons qui vous avaient poussé à choisir cette auberge, est-ce que vous incluiez la jeune Ito dans les personnes qui seraient susceptibles de... ?

— Elle a certainement son idée, inspecteur. Elle a toujours des théories sur tout. Mais je serais étonné qu'elle accepte de collaborer avec la police.

— Vous avez sans doute raison. Et pourtant... fit Otani en fixant le jeune homme d'un air dépourvu d'expression. Si par hasard vous la rencontriez en dehors du service et que vous vous mettiez à bavarder, essayez donc d'aborder le sujet avec elle.

Sur ce il se redressa et adopta un ton professionnel.

— Eh bien, agent Higashida, je vous remercie pour tout ce que vous avez fait pour moi cet après-midi. Je suis sûr que nous allons faire du bon travail ensemble. A présent, je vais étudier le dossier que vous m'avez remis, et demain matin je tâcherai d'aller jeter un coup d'œil à ce sanctuaire Inari. Je trouverai facilement mon chemin pour retourner au commissariat, et je vous propose donc de vous y retrouver à... disons... 11 heures ? Bien. A demain, donc. Oh, à propos, je crois qu'il serait préférable que vous soyez en habits civils tant que nous travaillerons sur cette affaire. Si l'inspecteur Takada devait s'en étonner, dites-lui que je lui expliquerai quand je le verrai.

Une fois seul, Otani quitta ses veste, cravate, chemise, pantalon et chaussettes et enfila un *yukata* de coton fraîchement repassé qu'il sortit d'un coffre où il découvrit également une ceinture soigneusement pliée, une petite serviette de toilette quelque peu élimée et un kimono molletonné. Merveille des merveilles, on avait aménagé un petit coin penderie dans le placard où l'on roulait le couchage pendant la journée, de sorte qu'il put y suspendre ses vêtements, au lieu d'avoir, comme dans la plupart des auberges, à les accrocher à un cintre métallique pendu à la barre de bois fixée haut sur un des murs. La chambre était équipée d'un nouveau et compliqué modèle de chauffage au kérosène qui diffusait une agréable chaleur. Il prit le dossier de l'affaire et alla s'installer sur un des fauteuils en osier près de la fenêtre.

La façon de procéder de l'inspecteur Takada atteignait un point de nonchalance qui frisait la faute professionnelle grave, et Otani trouvait irresponsable d'avoir confié, et qui plus est sans aucun contrôle, une telle tâche à un jeune policier sans expérience. Mais il dut admettre qu'Higashida s'était montré à la hauteur, et qu'il avait joliment mis à profit sa très grande et très irrégulière liberté de manœuvre. Son dossier était clairement organisé, les éléments intelligemment agencés, son propre rapport de synthèse aussi limpide que succinct.

Dès avant les vitupérations de Takada, avant même

son départ de Kobe, Otani savait que la victime, Craig Kington, était l'un des deux seuls résidents non japonais de l'île d'Awaji, l'autre étant son partenaire Gary Wilson. Il savait aussi que les deux Américains avaient des visas en bonne et due forme les autorisant à exercer leur activité de missionnaires, activité qu'il avait pour sa part tendance à désapprouver.

Comme chez la grande majorité de ses compatriotes, le bouddhisme sommaire auquel adhérait Otani se réduisait à l'espoir de voir, le moment venu, ses funérailles conduites par un prêtre bouddhiste, appartenant si possible au même temple où était conservée la tablette funéraire de son père. Mais, tout comme la plupart de ses compatriotes, il visitait de temps à autre un sanctuaire shintoïste. De même, lui et Hanae s'étaient mariés suivant le rite shintoïste. Comme des millions de Japonais, ils faisaient des offrandes aux divinités shintoïstes durant les trois premiers jours de chaque nouvel an, de même qu'en novembre de l'année où leur fille Akiko avait eu trois ans, puis de nouveau quand elle en avait eu sept, ils s'étaient rendus à leur temple et avaient prié pour sa santé et son bonheur. Comme elle était adorable alors, leur timide fillette en costume traditionnel coloré !

Otani avait bien sûr entendu parler du christianisme et connaissait même quelques Japonais chrétiens. Il les considérait comme d'inoffensifs excentriques, n'avait qu'une très vague idée de leurs croyances et n'était pas du tout curieux d'en savoir plus. La victime appartenait à une catégorie spéciale de chrétiens, les mormons — qui sait ce que cela voulait dire ! Selon la photocopie de son inscription au registre des étrangers des services municipaux de Sumoto, Craig Kington avait vingt-six ans au moment de sa mort ; né à Salt Lake City, dans l'Utah, il était célibataire.

Otani apprit sans étonnement que la police de Sumoto avait ouvert un dossier sur Kington dès son arrivée sur l'île en compagnie de Gary Wilson, fin septembre 1967. Le simple fait qu'il soit étranger justifiait une attention spéciale à son égard. On avait noté d'une écriture soigneuse — qui n'était pas celle d'Higashida — son adresse à Sumoto, et recopié les rapports des agents chargés de savoir qui logeait où et de repérer tout comportement inhabituel.

Deux semaines à peine après l'arrivée des deux hommes, la police savait déjà que Kington était diplômé de l'université Brigham Young, dans l'Utah, et qu'il parlait plutôt bien le japonais grâce aux quatre mois de cours intensifs de conversation qu'il avait suivis à Tokyo avant de venir s'installer sur l'île. L'allure soignée des deux hommes avait vite été remarquée. On les voyait toujours vêtus de costumes sombres, avec une chemise blanche et une cravate de ton neutre. Rien à voir donc avec les énergumènes chevelus et crasseux qui échouaient au Japon après avoir erré au Népal et en Thaïlande en quête d'illumination et de drogue bon marché, ces *furyo gaijin* ou « étrangers indésirables » que les respectables Japonais des années 60 considéraient avec un mélange de fascination et de dégoût.

Dès le matin, Otani avait remarqué dans le dossier la pochette en plastique contenant les photographies mais, après s'être fait la réflexion que l'inspecteur Takada serait satisfait d'apprendre qu'elles étaient « bien sorties », il avait remis à plus tard la tâche pénible de les étudier. A présent il les sortait de leur pochette et les étalait sur la table en verre lorsqu'il dut les ranger précipitamment en entendant la voix de Mme Suekawa dans le couloir.

Elle entra presque aussitôt et, avec le sourire de circonstance, lui annonça que son bain était prêt et qu'avec sa permission on lui servirait son dîner lorsqu'il regagnerait sa chambre. On dut discuter et résoudre la question de la boisson. Otani se décida pour une bière de préférence au *saké*, et, ce problème réglé, prit sa petite serviette et s'apprêta à suivre Mme Suekawa. Remarquant alors qu'elle lorgnait le dossier resté ouvert sur la table, il y rangea la pochette de photos et serra le tout sous son bras. Le dossier se ramollirait sans doute dans la chaleur moite de la salle de bains, mais cela valait mieux que de le laisser dans la chambre, où le personnel du Tokiwa aurait pu le feuilleter à loisir.

Chapitre 3

— Non, d'une cabine de l'hôtel... Oh, très bien, vraiment. Un bon bain et un excellent repas... avec une langouste absolument délicieuse, et tu sais combien j'aime ça... Quoi ?... Oh, pas encore, je ne suis arrivé que depuis quelques heures, tu sais... Oui, d'accord, je te promets... Non, j'avais l'intention d'aller faire un tour, mais comme on dirait qu'il va se remettre à pleuvoir, je verrai ça plus tard. Et toi, ça va ?... Bon, bon... Quoi ? Qu'est-ce qu'elle t'a dit ?... Alors ça, c'est extraordinaire... Bien sûr que je comprends, tu as eu raison. Qu'a-t-elle dit encore ?... Hum, je vois. Écoute, Ha-chan, c'est une drôle de nouvelle que tu m'annonces là. Il va falloir que j'y réfléchisse. Écoute, je te rappellerai demain, sans doute du commissariat, ce sera plus pratique...

Lorsqu'il raccrocha, Otani fut soulagé qu'Hanae ait compris qu'il ne pouvait pas parler tout à fait librement, même depuis cette cabine de l'entrée plutôt que depuis sa chambre, où la communication aurait dû obligatoirement passer par le petit standard de la réception. Ce qu'il venait d'apprendre au sujet d'Akiko était très inquiétant. Il comprenait fort bien qu'une étudiante en première année de l'université de Kobe soit excitée par les meetings quotidiens de protestation et les discussions enflammées à propos de la réforme de l'éducation. Fils d'un éminent professeur de chimie à l'université d'Osaka, Otani connaissait la manière autoritaire dont les universités étaient dirigées, et il approuvait même certaines des critiques d'Akiko. Mais en décidant d'adhérer à une des factions maoïstes les plus extrémistes de la Fédération des étudiants japonais, elle allait au-devant de graves ennuis.

— Euh... excusez-moi de vous déranger, monsieur...

— Comment ? Oh, c'est moi qui vous demande pardon.

Perdu dans la contemplation du téléphone, Otani ne s'était pas aperçu de la présence du nouveau venu.

— Permettez-moi de me présenter. Je suis Suekawa, propriétaire de cet établissement. Nous sommes très flattés de votre honorable présence, bien que le confort soit très rudimentaire et que...

Le laissant babiller, Otani détailla cet homme dont l'épouse décidément bien attirante lui avait servi son repas et, pendant qu'il mangeait, l'avait si agréablement entretenu. Cela n'avait en soi rien d'exceptionnel. Les hôtes solitaires sont rares dans les auberges nippones, et c'est une simple politesse que de leur tenir compagnie pendant leur dîner.

Le propriétaire était beaucoup moins avenant que sa femme. C'était un des ces maigres Japonais sans âge à la bouche encombrée de vraies et fausses dents, dont deux des plus visibles étaient de disgracieuses prothèses en métal. Ses cheveux fins étaient peignés en arrière, sans raie, et d'un noir si foncé qu'Otani en conclut qu'ils étaient teints. Il était vêtu sans recherche d'un pantalon flottant gris et d'une chemise à carreaux ouverte sur un cou décharné, les manches roulées sur des avant-bras aux muscles saillants.

Prêtant une attention distraite à ce que lui disait l'autre, Otani comprit qu'il s'excusait pour la médiocrité de la nourriture, et jugea qu'il était temps qu'il dise quelque chose.

— Mais pas du tout, c'était délicieux. Un dîner magnifique. Vous dites que c'est vous le cuisinier ?

— Je fais de mon mieux, monsieur. J'ai travaillé autrefois chez un traiteur, et je me suis mis à faire la cuisine ici du temps où mon père vivait encore. C'est une affaire de famille, monsieur. J'en ai hérité il y a trois ans. J'ai souvent songé à engager un cuisinier, mais quelques-uns de nos meilleurs clients ont eu la bonté d'insister pour que je reste aux fourneaux, alors...

Il eut un sourire affecté.

— Je ne veux pas les décevoir.

— Je vois, je vois. Eh bien, ils savent apprécier la bonne cuisine, et j'avoue que, pour ma part, j'attendrai avec impatience le dîner de demain soir. En attendant, je vais retourner dans ma chambre pour...

— Si je puis vous retarder une minute, inspecteur... cette lettre est arrivée pour vous. Par porteur.

— Pour moi ? Oh, je vous remercie, fit Otani en prenant la lettre.

Son nom et son grade avaient été soigneusement tracés au pinceau sur l'enveloppe, dont le rabat était non seulement marqué de l'abréviation signifiant « fermé », mais aussi scellé par une goutte de cire. Suekawa parut sur le point de se lancer dans de nouvelles explications, mais Otani y coupa court. Il glissa son courrier dans le dossier qu'il n'avait pas lâché pendant son coup de téléphone à Hanae, et s'éloigna après avoir lancé un « Bonsoir » sans réplique à l'aubergiste.

Il n'était que 20 heures, mais lorsqu'il entra dans sa chambre, il trouva la servante Noriko qui finissait de lui préparer son lit. Elle avait dressé la table basse contre un mur, tiré les écrans du shoji pour isoler le coin salon, et étendu le *futon* sur les tatamis. Le néon incongru qui constituait l'éclairage central de la pièce procurait une désagréable lumière froide et, au moment où Otani entrait, la jeune fille se penchait vers la tête du lit pour brancher une petite lampe de chevet.

— Ah, merci.

— Désolée, c'est peut-être un peu tôt.

Il était tôt en effet, même au vu du rythme particulier des auberges japonaises, où l'on se couche généralement entre 21 heures et 21 h 30. Mais Otani n'en fut pas le moins du monde contrarié. Et puis, elle l'avait peut-être fait de manière purement conventionnelle, mais Noriko s'était excusée, ce qui offrait une amorce possible de conversation.

— Ça va très bien, dit-il. Je suppose que vous avez eu une longue journée. Il est grand temps que vous alliez vous reposer.

Il était évident que c'est précisément ce qu'elle avait l'intention de faire. Dans l'après-midi, Noriko était vêtue du costume habituel des servantes d'auberge : un tablier passé sur un kimono bleu marine dont les manches étaient retenues par du ruban adhésif pour lui laisser les mains libres. A présent, elle portait un jean et un ample pull-over qui conféraient à son corps menu un aspect à la fois vulnérable et attirant. Ses cheveux étaient tirés en queue de cheval et elle s'était mis du rouge à lèvres. Otani se surprit à songer que cela la rendait encore plus séduisante.

— Je ne vais pas traîner, vous pouvez en être sûr.

Après l'obséquiosité du propriétaire, Otani trouva cette franchise rafraîchissante. Il sourit, chose qui lui arrivait rarement, et elle fut aussitôt sur ses gardes.

— Quelque chose vous amuse ?

— Non, non. Je souriais parce que vous me rappelez ma fille.

— Vraiment ? Vous n'allez tout de même pas me dire que la fille d'un officiel du gouvernement tel que vous est aussi une esclave salariée ?

— D'une certaine façon, si. Elle est certes en première année d'université, mais elle travaille à côté comme serveuse de bar.

Voyant que Noriko était décontenancée par la façon dont il avait détourné le sarcasme, il poussa son avantage.

— Et en plus, elle désapprouve fermement le métier que je fais. Elle prétend que j'aide à maintenir un ordre social corrompu.

— Votre fille me paraît une personne très sensée.

— Oh, elle l'est. Elle n'a pas toujours raison, je dois dire, mais elle est intelligente et astucieuse. C'est pourquoi cela n'a rien de vexant si je vous dis que vous me faites penser à elle. J'ai l'impression que vous n'aimez pas beaucoup les policiers, vous non plus.

— Qu'est-ce qui vous fait dire ça ?

— Eh bien, je suppose que vous savez pourquoi je suis ici. J'ai posé quelques questions ici et là. L'agent Higashida pense que vous avez votre petite idée sur le meurtre, mais il doute que vous acceptiez de coopérer avec la police.

— Il vous a dit ça ? Ça ne m'étonne pas.

Otani constata avec satisfaction que son visage prenait des couleurs.

— Je suppose qu'il vous a appris aussi que j'étais une progressiste, et vous en avez tout de suite tiré la même conclusion que lui.

— Désolé, mais je ne vois pas ce que vous voulez dire.

— Je veux dire que vous êtes convaincus tous les deux qu'une progressiste n'a pas un gramme de bon sens. Je suis d'accord avec votre fille. Je trouve que cette société est pourrie. Mais ça ne veut pas dire que je pense que celui ou celle qui a tué Craig Kington devrait s'en sortir.

— Bien. Je suis heureux que nous ayons éclairci les choses entre nous. A présent, je ne veux pas vous retenir, mais j'aimerais vous parler en tête à tête demain dans la journée, si vous pouviez me consacrer une demi-heure. Possible ?

— D'accord. Le mieux serait en début d'après-midi. Deux heures et quart au snack de la gare routière.

— Parfait. J'y serai. Une seule question avant que vous ne partiez. Avez-vous entendu parler d'un certain Tadao Mori ?

Otani scruta avec intérêt le visage de la servante mais, comme elle semblait hésiter, il sortit l'enveloppe joliment calligraphiée de son dossier et la lui montra.

— Je ne le connais pas, mais on vient de me remettre cette lettre qu'il m'a adressée — son nom est inscrit au verso. Je n'ai pas encore eu le temps de la lire.

— Oui, c'est un avocat. Il est malin. Ça ne m'étonne pas qu'il ait sauté sur l'occasion. Bon, maintenant, il faut que j'y aille.

— Oui, bien sûr. Je vous remercie, Ito. Bonne nuit.

Malgré l'envie qu'il en avait, Otani renonça à obtenir plus de renseignements ce soir-là. Contemplant la porte que Noriko venait de refermer vivement derrière elle, il se demanda, sans parvenir à une réponse, si elle était partie embarrassée ou apeurée. Puis il éteignit le néon et s'installa, jambes croisées, sur le futon, pour étudier la lettre et le dossier.

C'est tôt le matin que le cadavre de Kington avait été découvert dans l'enceinte du sanctuaire Inari par le propriétaire d'une florissante boutique de quincaillerie qui attribuait ses succès commerciaux à sa fréquentation assidue du temple. Proche de la retraite, l'homme était connu et respecté dans la ville pour son esprit civique : il lui arrivait fréquemment, par exemple, de s'agrafer un brassard vert et blanc au bras pour aider les enfants à traverser la rue devant leur école et il assistait régulièrement aux exercices d'incendie. Bref, c'était, d'après Higashida, un témoin fiable, quoique bavard.

Les multiples plaies ouvertes décrites par le médecin qui avait examiné le corps indiquaient une attaque frénétique à l'aide d'un couteau tranchant, mais les photos montraient que le corps avait été arrangé dans une position de sommeil. D'après le docteur, cela avait été fait juste après la mort.

Selon Higashida, plus que d'avoir trébuché sur le cadavre, ce qui avait bouleversé le vieux témoin avait été de découvrir ce qu'il tenait serré entre les doigts. Il s'agissait, d'après ce qu'Otani put distinguer sur les clichés, d'une petite figurine en céramique représentant un renard à la queue touffue, semblable à celles que vendent les boutiques de souvenirs des sanctuaires Inari dans tout le pays. Il était fort étonnant qu'un assassin ait placé là cet objet qui, ayant été probablement essuyé au préalable, ne comportait plus que les empreintes de la victime.

Higashida avait rendu visite au compagnon de Kington, Gary Wilson, pour lui apprendre la nouvelle et lui demander de prévenir ses supérieurs à Tokyo : les services d'Otani avaient quant à eux contacté les autorités consulaires américaines de Kobe. Otani fut soulagé de lire dans le rapport d'Higashida que Wilson parlait couramment le japonais. L'Américain — à qui l'on n'avait pas parlé de la position curieuse dans laquelle on avait retrouvé le corps — avait déclaré ne pas savoir qui aurait pu en vouloir à son compagnon. Il avait fourni une liste des personnes à qui Kington avait donné des cours d'anglais depuis son arrivée à Sumoto, mais avait précisé que dans le cadre de leur mission ils saisissaient toute occasion de converser avec les gens du pays. En dehors de ses élèves, Kington avait donc sans aucun doute noué d'autres relations.

Otani cligna des yeux, se frotta les paupières et bâilla. Ç'avait été une journée fertile en impressions et il sentait qu'il ne pourrait plus rien absorber. Mais il était trop tôt pour s'endormir, de sorte qu'il hésita un instant entre la télévision couleur installée près de l'alcôve du *tokonoma* et le livre qu'Hanae avait glissé dans ses bagages. La télévision marchait avec des pièces, et il n'était pas sûr de la regarder durant les deux heures auxquelles lui donnait droit une pièce de cent yens. Il finit pourtant par choisir la télévision parce qu'elle lui demanderait moins d'efforts que la lecture.

Les appareils en couleur étaient alors une nouveauté et, refoulant au fond de son esprit l'affaire qui l'occupait, il se demanda si ce ne serait pas une bonne idée de consacrer une partie de sa prime d'été à l'achat d'un poste couleur en remplacement de leur vieil appareil noir et blanc. En effet, Hanae lui avait dit que, malgré tout le mépris qu'elle affichait pour la société de consommation, leur fille Akiko avait déclaré à plusieurs reprises que presque tous ses amis disposaient chez eux des trois conforts auxquels aspiraient les classes moyennes de cette époque : voiture, air conditionné, télé couleur.

Les Otani ne possédaient aucun de ces symboles de réussite. Une ligne de chemin de fer étatique et deux privées effectuaient des liaisons régulières entre la banlieue de Rokko où ils habitaient et le centre de Kobe, où travaillait l'inspecteur et où Hanae faisait ses courses importantes. La gare de Hankyu n'était qu'à dix minutes à pied de chez eux, tandis que le campus de l'université de Kobe se trouvait à la même distance, mais dans la direction opposée, sur les pentes du mont Rokko. Le chemin grimpait ferme, mais ce n'était rien pour une fille de dix-huit ans. Otani répugnait à conduire et n'imaginait pas plus Hanae au volant d'une voiture qu'aux commandes d'un aéroplane. Quant à l'air conditionné, ma foi, ils subissaient bien quelques semaines de chaleur moite durant l'été, mais, leur vieille maison étant située à une certaine altitude, une légère brise manquait rarement de souffler le soir, au moment où on l'appréciait le plus.

En revanche, la télévision couleur était un achat envisageable, songea Otani en regardant les pitoyables aventures d'un professeur et de sa méritante épouse. La femme, qui se mourait d'un cancer, pressait son médecin de hâter sa mort afin que ses obsèques soient terminées avant les vacances scolaires pour ne pas importuner son mari. Navré par ce scénario, Otani passa sur une autre chaîne, où l'attendait une famille de provinciaux, vedette d'un concours de talents. La grand-mère édentée qui interprétait avec conviction un des succès du moment valait le coup d'œil, mais ni son fils ni sa bru n'avait de talent particulier, et la ribambelle de ses petits-enfants semblaient, avec leurs visages de pâte à beignets, n'avoir pas été plus favorisés par la nature.

La seule autre émission était la rediffusion d'une vieille « Vedette Surprise », où un candidat enfonçait des clous de quinze centimètres dans un tronc d'arbre en les cognant avec son front. Otani éteignit l'appareil en soupirant et attrapa la pochette qu'il avait trouvée dans le coffre avec le yukata et la serviette. Elle contenait une brosse à dents jetable imprégnée de dentifrice et un rasoir en plastique. Il trottina jusqu'au bout du couloir, se lava les dents dans le grand évier pourvu de deux robinets d'eau froide, puis utilisa les toilettes contiguës — baptisées « honorable lavabo » — qui ne se révélèrent que moyennement malodorantes.

En sortant, il perçut des éclats de voix au rez-de-chaussée. L'une était sans conteste celle de Suekawa, qui utilisait en la circonstance un vocabulaire grossier qui n'avait plus rien à voir avec les propos onctueux qu'il avait infligés un peu plus tôt à Otani. La seconde ne pouvait appartenir qu'à la vieille femme dont il avait aperçu le visage dans l'entrebâillement de la porte de la salle de bains lorsqu'il était arrivé à l'auberge. D'après ce que lui avait appris Higashida, il devait s'agir de la mère de Suekawa, et bien qu'il n'ait fait que l'entrevoir, il se l'imagina semblable à l'ancêtre qu'il venait de voir à la télévision.

Mais, d'après le peu qu'Otani pouvait saisir, celle-ci, au lieu de chanter d'une voix joyeuse imprégnée de saké, répondait du tac au tac à son fils, qui lui en lançait pourtant de belles. Au bout d'un instant, Otani haussa les épaules et regagna sa chambre, où il passa une dernière fois en revue les photos du crime avant de se glisser entre les futons en compagnie d'Agatha Christie.

Était-ce en raison de l'acoustique propre à l'auberge, ou parce que le propriétaire et sa mère avaient mis fin à leur querelle, toujours est-il qu'il régnait un profond silence dans la chambre et qu'Otani se sentit soudain extrêmement las. Il se contenta de feuilleter son livre, dans lequel Hercule Poirot enquêtait dans un collège de jeunes filles anglais, et s'arrêta sur un fragment de dialogue où l'une des collégiennes demandait à parler au grand détective, « à propos de quelques crimes, d'un cambriolage et de deux ou trois autres choses dans ce genre », disait-elle. Otani trouva que c'était une phrase parfaite sur laquelle refermer le livre. Il éteignit sa lampe de chevet et chercha une position pour s'endormir.

Otani rêvait rarement, et lorsque cela lui arrivait, il considérait généralement le fait comme un bon présage. Pas cette fois-ci. Il se réveilla en sursaut, paniqué et en sueur, alors qu'il se balançait au-dessus d'un précipice, simplement retenu à la vie par les mains d'une jeune fille qui n'était ni Noriko la servante ni sa fille Akiko. L'inconnue ne semblait en tout cas guère mettre d'empressement à le tirer de sa fâcheuse posture malgré les horribles bêtes qui, loin au-dessous de lui, claquaient déjà des mâchoires en se pourléchant les babines.

Il parvint peu à peu à se calmer, puis entendit à nouveau, non loin de l'auberge, aboyer le chien qui l'avait réveillé. C'était là un bruit très inhabituel dans une ville japonaise, surtout au milieu de la nuit, si inhabituel qu'il pouvait bien provoquer cauchemars et plaintes des voisins. D'autant que cette sorte de ululement, étrangement rauque, paraissait presque *humain*. Même à présent qu'il était éveillé, ce n'était pas seulement dérangeant mais pénible pour les nerfs, et Otani entendit avec soulagement une porte s'ouvrir quelque part, et une voix de femme calmer d'un mot l'animal. Il décida d'allumer une cigarette, en fuma les deux tiers, l'éteignit puis, cette fois, sombra dans un sommeil heureusement sans rêve.

Chapitre 4

— Oui, en effet. On se croirait plus en avril qu'en février.

C'est en ouvrant les écrans du shoji à son réveil qu'Otani s'était aperçu que sa fenêtre donnait au levant et que c'était une matinée splendide.

— Vous êtes sûr que vous n'auriez pas préféré un petit déjeuner à la japonaise ?

Tout en posant la question, Mme Suekawa jeta un regard dubitatif aux deux énormes tartines de pain beurré qu'elle avait posées sur la table avec un pot d'une confiture vermillon, deux bocaux, l'un de café instantané et l'autre de lait en poudre Creap, ainsi qu'une montagne de sucre, suffisante pour adoucir des litres de breuvage. L'eau chaude était à part, dans une bouteille Thermos ornée de motifs floraux.

— Non, non, c'est parfait, merci. Je prends toujours mon petit déjeuner à l'occidentale. Comme l'empereur, paraît-il.

L'excellent dîner de la veille ayant conduit Otani à espérer quelque chose de plus substantiel à son réveil, il s'abstint d'ajouter qu'au Palais impérial, tout comme chez lui, où Hanae veillait à l'approvisionnement, on ne manquait jamais de proposer bacon ou jambon, œufs et vrai café. Mais ça n'avait pas beaucoup d'importance : tout valait mieux qu'un œuf dur, une prune confite, un potage de *miso* et un bol de riz dès le saut du lit.

Il avait pris plaisir, assis dans le petit coin salon, à regarder Mme Suekawa ranger prestement le couchage et remettre la chambre en ordre. Il ne s'étonna pas, vu l'heure matinale, de la voir en habits occidentaux, même s'il remarqua qu'elle avait pris grand soin à sa toilette. Sa classique jupe de laine brune était juste assez courte pour être à la mode, révélant des jambes que nombre de Japonaises de sa génération auraient été heureuses de pouvoir montrer. Son pull-over marron était parfaitement convenable pour une femme mariée, même si Otani n'était pas sûr qu'il laisserait Hanae se montrer en public dans un vêtement aussi moulant sans un gilet par-dessus. Il lui fut difficile de ne pas lorgner sur les seins ainsi mis en évidence, et il fut stupéfait de s'apercevoir qu'elle en était consciente.

Il s'éclaircit bruyamment la gorge, se leva et s'approcha de la table.

— Eh bien, encore merci. Merci aussi pour le journal. J'y jetterai un coup d'œil en prenant mon petit déjeuner, et ensuite je sortirai. J'ai beaucoup à faire aujourd'hui.

A en juger par le sourire chaleureux qu'elle lui adressa avant de sortir, Mme Suekawa ne lui tint pas rigueur d'être ainsi poliment congédiée, et Otani, chassant de son esprit des images de poitrines opulentes, se prépara une tasse de café et attaqua ses tartines.

Mais les renflements moulés par le pull-over lui sautèrent une nouvelle fois aux yeux quand la femme l'accompagna à la porte de l'auberge tout en lui adressant à mi-voix les courtoisies d'usage et en répétant à plusieurs reprises que son bain serait prêt quelle que soit l'heure où il rentrerait. Otani aurait préféré trouver la vieille en bas pour enfin découvrir son visage, mais il ne vit aucune trace ni d'elle ni de son obséquieux rejeton. Mme Suekawa et lui étaient seuls dans la petite entrée du rez-de-chaussée mais, en dépit ou peut-être en raison de ce fait, elle resta un long moment très proche de lui, chaude et parfumée, avant de s'agenouiller pour lui souhaiter un respectueux bonjour.

Parvenant enfin à lui échapper, Otani marcha en direction du sanctuaire Inari. Il n'était pas encore 8 heures et Sumoto s'éveillait peu à peu. Un homme en veston et bas de survêtement livrait des paquets de magazines et de bandes dessinées dans une librairie-pharmacie encore plongée dans l'obscurité tandis qu'un peu plus loin une fille ouvrait en bâillant la devanture d'un café à l'enseigne du Florida. L'endroit proposait ce matin-là un œuf dur et une demi-banane accompagnés d'une tasse de café pour seulement cinquante yens de plus que le café seul. Otani éprouva un instant la tentation de profiter de cette promotion, mais il finit par détourner virilement les yeux avant de reprendre son chemin, qui le conduisit bientôt au portique rouge orangé du *torii* qui marquait l'entrée de l'enceinte extérieure du sanctuaire.

Il s'était attendu à un temple de taille modeste, et plutôt mal entretenu, comme il arrive fréquemment dans les petites villes de province, où l'on ne s'occupe sérieusement des édifices religieux qu'à l'occasion de quelques jours de festivités par an. Il avait tort. Le sanctuaire Inari était entouré d'un terrain si vaste qu'il abritait une école maternelle, avec un terrain de jeux d'un côté et un parking d'une douzaine de places de l'autre. Une immense banderole blanche portait, en caractères tracés au pinceau, une inscription proclamant fièrement que le sanctuaire était réputé pour procurer la santé et la prospérité aux gens qui venaient y faire leurs dévotions, que des rites spéciaux étaient accomplis sur demande pour assurer un avenir favorable aux jeunes entreprises et pour purifier les voitures nouvellement acquises afin d'en améliorer la sécurité.

Tandis qu'Otani déchiffrait l'inscription, il entendit démarrer une des trois voitures rangées sur le parking, affolant une demi-douzaine de pigeons qui s'envolèrent. Le conducteur avait l'air très pressé, car le véhicule sortit en trombe de sa place, accéléra jusqu'à la sortie et, dans un crissement de pneus, vira dans la rue, le tout si vite qu'Otani eut à peine le temps de remarquer qu'il s'agissait d'une Mazda neuve dont l'unique occupant était un individu d'âge moyen. Il songea alors que seul un homme s'étant fait préalablement protéger par un rite spécial pouvait oser conduire de la sorte.

Il poursuivit son examen des abords du sanctuaire, qu'il jugea fort bien et même trop bien tenus, quoiqu'il désapprouvât le clinquant distributeur de boissons installé sur le parking. L'enceinte intérieure sur laquelle était érigé le sanctuaire proprement dit était aussi vaste et dominait d'environ un mètre le terrain extérieur où se tenait Otani. Il gravit le large escalier, s'arrêtant pour admirer les deux beaux renards en pierre qui montaient la garde de part et d'autre d'un second et plus petit torii. Le périmètre de l'enceinte intérieure était délimité à l'avant par une rambarde laquée du même rouge orangé que les torii, et à l'arrière par quelques arbres vénérables d'essences variées.

Le sanctuaire lui-même était composé de l'habituel groupe de bâtiments, dans un état d'entretien qui impressionna Otani. Sur un côté se dressait le bâtiment administratif du lieu, garni de nombreuses devantures, encore fermées pour l'instant, mais qui ne tarderaient pas à proposer talismans, cartes postales et porte-bonheur aux fidèles, et à réserver les services de prêtres en vue de célébrer tel ou tel rite. D'après la taille de l'endroit, Otani jugea probable qu'il abritait également quelques vierges chargées, au moins à mi-temps, du service du temple. Sur sa droite il aperçut d'ailleurs une scène surélevée et couverte où elles devaient accomplir leurs danses rituelles.

Le vif soleil matinal faisait briller les somptueuses dorures ornant les colonnes de bois laqué qui soutenaient le toit, massif mais gracieusement incurvé, du sanctuaire principal. Épais d'une cinquantaine de centimètres, on aurait pu croire à première vue que le toit était en chaume, alors qu'il s'agissait en réalité de couches successives de lamelles d'écorce, dont des taches de lichen vert, jaune et gris avaient arrondi et adouci les bords exposés.

L'allée menant à l'énorme boîte à offrandes et à l'entrée en partie voilée du saint des saints était bordée d'une simple barrière de bois contre laquelle étaient empilés d'un côté une trentaine de fûts de saké portant en évidence le nom du distillateur, et de l'autre des dizaines de tablettes votives fixées à une longue planche. Otani se pencha sur quelques-unes des plus récentes supplications, maladroitement calligraphiées au feutre. Une jeune fille du nom de Keiko demandait de réussir à son examen, tandis qu'un certain Yutaka espérait des contrats pour le groupe pop qu'il venait de constituer.

Otani ouvrit son dossier pour en extraire les photographies. Deux d'entre elles, prises d'un angle différent, lui indiquèrent où avait été trouvé le corps de l'Américain : à gauche de la barrière d'enceinte, à un mètre ou deux le long d'un sentier menant, au-delà de deux mini-temples, vers le mur fermant le terrain. Bien que visible par quiconque se rendait au sanctuaire, l'endroit était relativement dissimulé sous le couvert des arbres.

Otani resta à examiner quelques instants les lieux avant d'élargir son champ de vision et de s'intéresser en particulier à une maison privée d'aspect neuf bâtie sur un lopin clos de l'autre côté de l'allée. Étant située dans l'enceinte du sanctuaire, c'était probablement le logement du prêtre. En plus d'être abritée des regards par de hauts murs crépis, Otani s'aperçut qu'elle était également bien protégée, car dès qu'il s'approcha de la grille d'entrée, un chien attaché par une chaîne à sa niche se mit à aboyer furieusement. Le vacarme lui rappela les bruits bizarres qu'il avait entendus la nuit précédente, et il s'immobilisa, en proie à un trouble irraisonné. Son malaise fut toutefois de courte durée car, presque aussitôt, la porte de la maison s'ouvrit en coulissant, laissant apparaître une femme qui, comme par magie, fit taire le chien d'un mot.

— Puis-je vous aider ?

— Je suis désolé de vous déranger, répliqua Otani entre les barreaux de la grille.

— Mais non, voyons, entrez donc. C'est ouvert.

Otani ouvrit la grille et s'engagea dans une allée pavée de belles dalles naturelles, restant toutefois à distance du chien enchaîné, qui le suivait des yeux d'un air menaçant.

— Je cherchais le prêtre.

— Vous êtes bien chez lui, mais il vient juste de sortir.

L'allure de la femme n'avait rien de provocant. Une croix pendait dans l'échancrure de son tablier, et elle avait noué un foulard dans ses cheveux : selon toute apparence, c'était une ménagère énergique. Pourtant, malgré son absence de maquillage, sa peau paraissait lisse et fraîche et, après avoir été si récemment troublé par les appas de Mme Suekawa, Otani se demanda un instant s'il ne tournait pas à l'obsédé sexuel, car il trouvait cette femme tout aussi attirante. Il la jugea de quelques années plus jeune que l'aubergiste, c'est-à-dire au début de la trentaine. Mais ce qui le frappa le plus en elle fut sa voix grave et joliment modulée.

— Vous l'avez manqué de dix minutes à peine, ajouta-t-elle.

Otani s'inclina, puis sortit de sa poche une de ses cartes de visite, qu'il tendit à son interlocutrice.

— Quel dommage ! Ce doit être votre mari que j'ai vu partir en voiture tout à l'heure. Mais permettez-moi de me présenter. Je m'appelle Otani et je suis provisoirement détaché auprès de la police de Sumoto.

La femme haussa un sourcil tout en étudiant la carte.

— *Inspecteur* Otani, dites donc ! Chef des enquêtes criminelles à la Préfecture. Quel honneur... Nous avons été surpris de ne voir personne de la police le jour où... c'est arrivé. Et hier non plus. Mais on dirait que vous avez pris les choses en main, n'est-ce pas ? Mon mari sera certainement déçu d'avoir manqué un visiteur aussi important, mais je crains qu'il ne rentre pas avant demain. Par une curieuse coïncidence, il s'est rendu à Kobe, d'où vous venez. A propos, je m'appelle Naomi Horiuchi. Puis-je vous être utile en quoi que ce soit ?

— Pas pour le moment, mais je vous remercie, madame Horiuchi. Avec votre permission, j'aurais voulu vous poser quelques questions, à vous et à votre mari, demain ou après-demain. Étant seul aujourd'hui, je ne peux pas prendre de déposition sans avoir un assistant comme témoin. A quelle heure attendez-vous votre mari demain ?

Elle haussa les épaules.

— Je ne sais pas exactement. Il prend toujours la voiture pour aller en ville, de sorte que ça réduit les possibilités. D'ailleurs, je ne comprends pas pourquoi il tient à y aller en voiture. Les trajets passagers sont beaucoup plus fréquents. Tout ça pour vous dire que je ne l'attends pas avant le milieu de l'après-midi, sauf s'il rate son ferry, auquel cas ce serait plutôt en milieu de soirée.

— Ah ! Alors, je ne l'interrogerai qu'après-demain. En attendant, madame, serait-il possible que je repasse cet après-midi pour prendre votre déposition ? C'est juste une formalité.

— Oui, si vous voulez. Mais je préférerais que vous veniez avant 15 h 30, heure à laquelle mon fils rentre de l'école.

Elle sourit.

— Il a huit ans, et il est très remuant.

— Je veux bien le croire. Bon, eh bien, j'essaierai de revenir en fin de matinée, mais si ça m'est impossible, est-ce que vous verriez un inconvénient à ce que je passe demain matin vers 9 heures ?

— Faites comme ça vous arrange.

En dépit du fait que tout Sumoto soit au courant du meurtre de Craig Kington, songea Otani après avoir pris congé, et que le crime ait eu lieu à moins de trente mètres de chez elle, Mme Horiuchi était d'un calme remarquable. Surtout pour quelqu'un qui, d'après la liste fournie par Gary Wilson, faisait partie des élèves particuliers de la victime.

Chapitre 5

Il trouva les menus objets habituels : quelques clés sur un anneau pourvu d'un rectangle de cuir portant la mention « Souvenir de la Tour de Tokyo », une pochette froissée et à moitié vide de mouchoirs en papier, un paquet de chewing-gums Lotte où restaient deux tablettes, et des pièces de monnaie d'un total de 377 yens. Otani repoussa ces objets sur un côté du bureau et entreprit d'examiner le contenu du portefeuille récupéré sur le cadavre de Craig Kington. Il contenait une plus grosse somme d'argent : deux billets de 500 yens et trois de 1 000. Rien d'extraordinaire. C'était à peu près la somme qu'Otani gardait en permanence sur lui, même s'il avait apporté beaucoup plus pour couvrir les frais de son séjour à Awaji. Hanae s'occupait de leur budget et, à ce titre, veillait à avoir toujours 20 000 ou 30 000 yens à la maison pour pouvoir payer les factures aux différents encaisseurs qui passaient les réclamer à domicile.

Le portefeuille en cuir, récent et de bonne qualité, comportait plusieurs poches qu'Otani vida consciencieusement. Il n'accorda qu'un bref regard à la carte d'étranger, car on lui avait déjà fourni une photocopie de la page correspondante du registre d'inscription. La photographie du porteur aurait, comme d'habitude, pu représenter n'importe qui. Pour Otani, les Occidentaux mâles se divisaient en deux catégories : les hippies chevelus d'une part, et, de l'autre, les hommes d'affaires rasés de près et les touristes aisés qu'on voyait dans les quartiers chic de Kobe.

Il trouva quelques cartes de visite au nom de Craig Kington, imprimées en anglais d'un côté et en japonais de l'autre. Il avait phonétisé son nom en *Kureigu Kinguton* et se disait professeur d'anglais. Otani fut toutefois plus intéressé par les cartes que l'Américain avait récoltées auprès de ses connaissances, et dont Otani nota les noms pour les étudier plus tard. Il y avait enfin deux photographies.

La première, prise de toute évidence en Amérique, montrait un couple d'âge moyen qu'Otani devina être les parents de Kington. La seconde était un cliché Polaroïd qu'Otani étudia avec grand intérêt avant de le glisser dans son propre portefeuille et de ranger tout le reste dans une enveloppe. Après en avoir collé le rabat, il sortit de sa poche son sceau personnel enfermé dans son petit étui de cuir, le trempa dans l'épaisse encre rouge contenue dans le boîtier en ivoire fixé à une extrémité, et imprima son nom, OTANI, en travers du rabat.

Il examina ensuite, sans les sortir de leur sac en plastique transparent, les vêtements que la victime portait au moment de sa mort. Il n'était pas médecin légiste, et seul un expert pourrait en extraire d'éventuelles informations. Il en allait différemment du petit renard en céramique qu'on avait placé dans une pochette à part. Bien qu'on lui eût assuré qu'il ne portait que les empreintes de Kington, Otani s'abstint de le toucher, se contentant de l'observer un long moment sous tous les angles à travers le plastique transparent.

Enfin il s'étira, bâilla et se leva. Le bureau dans lequel

on l'avait conduit à son arrivée au commissariat, bien avant 9 h 30, avait été mis à sa disposition sur ordre de l'inspecteur Takada, qu'il ne vit nulle part. Higashida, en revanche, était tout à sa disposition, vêtu d'un blouson de sport pimpant et d'un pantalon gris. L'élégance de son allure n'était gâchée que par son excessive coupe de cheveux. Otani lui confia le matériel qu'il venait d'examiner et lui demanda de le mettre sous clé. Lorsque Otani l'interrogea sur les objets personnels du mort, Higashida lui assura avec fermeté que personne ne les avait touchés depuis qu'il les avait personnellement retirés des poches de la victime et scellés dans l'enveloppe kraft. Ils n'avaient donc toujours pas été inventoriés.

Il était à présent presque 10 h 30. Otani avala le reste de thé vert qu'une femme de ménage lui avait apporté en grommelant après son arrivée. Il rassembla les photographies étalées sur le bureau, les remit dans le dossier qu'il transportait depuis la veille, enferma le tout dans un tiroir, puis descendit au rez-de-chaussée, où il avait donné rendez-vous à Higashida.

— Ah ! vous êtes là. Très bien. Hum, j'ai remarqué, entre mon auberge et le sanctuaire, un café baptisé Florida. N'est-il pas proche de cette adresse ?

Tout en montrant au jeune policier le dos de l'enveloppe que lui avait adressée Tadao Mori, Otani étudia son visage.

— En effet, inspecteur, c'est juste à côté. Pas plus de deux ou trois minutes à pied, à mon avis.

— Parfait. Dans ce cas, allons boire une tasse de vrai café. Je voudrais vous poser quelques questions. Avec un peu de chance, l'offre promotionnelle du Florida sera valable jusqu'à 11 heures.

Quelques minutes plus tard, installés devant une des

minuscules tables du café, Otani regarda Higashida briser la coquille de son œuf dur.

— Vous connaissez donc ce Mori, fit Otani.

C'était plus une constatation qu'une question, et Higashida hocha la tête en signe d'acquiescement.

— Lisez sa lettre.

Otani lui tendit l'enveloppe, croqua la calotte de son œuf et versa du sel sur le jaune. Il avala ensuite, avec un air appréciateur, deux gorgées de café avant qu'Higashida ne repose la lettre.

— Terminé ? Bien. On ne rencontre pas souvent une si belle calligraphie de nos jours. Mais tout cela est bien mystérieux, vous ne trouvez pas ? Ces histoires de forces malfaisantes et d'anciennes dettes. Tout ce que je sais pour l'instant, c'est que Mori est avocat. Que pouvez-vous me dire de plus à son sujet ?

— Guère plus, malheureusement, inspecteur. Je ne l'ai jamais rencontré, mais on me l'a montré, de sorte que je le connais de vue.

— Ah ! Et à quoi ressemble-t-il ?

— Hum... eh bien... il fait surtout démodé, vieillot, alors que je ne pense pas qu'il ait atteint la soixantaine. Très grand, mais comme desséché. Le jour où je l'ai vu, il portait un costume à l'occidentale avec une chemise à col droit. Et une sorte de cape avec des trous pour les bras, je crois qu'on appelle ça un *inbaanesu*.

— Oui, je vois. Mon père aussi portait un inverness. Quoi d'autre ?

— Seulement des rumeurs, inspecteur. Mais je suis presque sûr qu'il est veuf. Les gens se moquent de son allure, mais tout le monde semble le craindre. On dit qu'il est pingre.

— Probablement du genre reclus, non ? Un homme qui ne sort pas beaucoup, n'est-ce pas ?

— Pas du tout, inspecteur, au contraire. Il est président de la Société d'histoire de Sumoto et du Groupe de recherches folkloriques d'Awaji. Il fait un discours à chacune de leurs réunions mensuelles. Et c'est également lui qui désigne le vainqueur du concours annuel de calligraphie pour enfants. Je comprends pourquoi, à présent.

— Vous paraissez en savoir beaucoup pour quelqu'un qui ne l'a jamais rencontré. Il ne serait pas aussi communiste, par hasard ? Comme votre amie Ito ?

Constatant leur effet sur son interlocuteur, Otani regretta aussitôt ces dernières paroles.

— Désolé. Vous devez me pardonner, j'ai la détestable habitude de taquiner les gens. Il se trouve que j'ai eu une conversation très intéressante avec Mlle Ito hier soir. C'est elle qui m'a dit que Mori était avocat. Et par ailleurs, elle ne semble plus opposée à l'idée de nous aider.

— Je sais. Je l'ai vue après votre conversation et elle me l'a dit.

Otani en éprouva un obscur dépit et dut se réfugier dans son café pour rassembler ses esprits. Lorsqu'il reprit la parole, ce fut en choisissant ses mots avec plus de prudence.

— Je vois. Eh bien, comme nous paraissons engagés dans une drôle de situation, vous et moi, je crois que le mieux serait que je me montre aussi franc que possible envers vous, en espérant que vous ferez de même à mon égard. Comme vous avez pu le lire dans sa lettre, Mori prétend avoir des informations relatives au meurtre. Je vais aller lui rendre visite en sortant d'ici, pour savoir ce qu'il a en tête. Dois-je penser que vous n'en avez aucune idée ?

— Aucune idée, inspecteur. Et je ne pense pas qu'Ito en sache plus. Elle le considère comme un fouineur qui aime fourrer son nez partout, mais elle n'a fait aucune allusion à un fait précis.

— Et pourtant, elle partage l'impression générale selon laquelle il y a quelque chose, comment dirais-je... de légèrement menaçant chez Mori ?

Higashida se tortilla d'un air embarrassé sur sa chaise, puis finit par opiner.

— Je le pense, oui.

— Très bien. De toute façon, et je suppose qu'elle vous l'a dit, nous avons rendez-vous à 14 h 30 pour en parler. A présent, changeons de sujet. Je vous ai dit que tôt ce matin j'avais été faire un tour au sanctuaire Inari. Ce que je ne vous ai pas dit, en revanche, c'est que j'avais eu une brève conversation avec la femme du prêtre. Il venait de partir à Kobe pour je ne sais quelle raison, et ne rentrera que demain après-midi au plus tôt. Il avait l'air d'avoir le feu aux fesses, en tout cas. Avant même de savoir que c'était lui, je l'ai vu partir en voiture comme un vrai bolide. Mais Mme Horiuchi s'est montrée très coopérative, et j'aimerais que nous allions ensemble recueillir sa déposition avant le retour de son mari. Nous pourrions y aller demain matin, qu'en dites-vous ?

Otani eut un instant d'hésitation. En général, il préférait, autant que faire se pouvait, dissimuler son jeu, mais quelque chose lui disait qu'il pouvait faire confiance à Higashida, au moins sur les points matériels.

— Ce que je vais vous dire doit rester strictement confidentiel, reprit-il alors. Cela n'a peut-être rien à voir avec le meurtre, mais je pense qu'il y a quelque chose de louche chez les Horiuchi. La femme m'a dit que son mari passait sa voiture sur le ferry, alors avant de me rendre au commissariat ce matin, j'ai appelé le service préfectoral des immatriculations, qui m'a donné le numéro du véhicule. C'est une Mazda toute neuve. J'ai ensuite passé un autre coup de téléphone à la police d'Akashi. J'ai pensé que c'était une bonne idée de prendre Horiuchi en filature depuis son débarquement du ferry jusqu'à Kobe, pour essayer de savoir ce qu'il y faisait. Naturellement, il est préférable que nous n'en disions rien à sa femme, n'est-ce pas ?

— Bien sûr que non, inspecteur.

Higashida avait parlé dans un murmure, bouleversé par sa promotion de fait au sein de la grande fraternité de l'investigation criminelle.

— Et vous, avez-vous des soupçons concernant les Horiuchi ? Mais avant de répondre, dites-moi si l'un ou l'autre d'entre eux était présent sur les lieux quand vous avez procédé aux premières constatations ? Vous m'avez dit que le vieil homme avait signalé le cadavre à la police à 6 h 43, et que vous étiez arrivé sur place vers 7 h 20, n'est-ce pas ?

— C'est exact, inspecteur. J'étais de service de nuit et je devais débrayer à 7 heures. Mais quand nous avons reçu l'avis de découverte du corps, j'ai rassemblé quelques barrières mobiles, un appareil photo et tout l'équipement nécessaire, et je me suis rendu immédiatement au sanctuaire avec un fourgon et un chauffeur. J'ai posté un policier du quartier près de l'escalier, avec ordre de refouler toute personne se présentant à l'entrée du sanctuaire, tandis que le chauffeur et moi bouclions le périmètre autour du corps, ce qui fut fait vers 7 h 30. Je n'ai pas jugé utile de boucler l'enceinte extérieure. Les mères qui accompagnaient leurs enfants à l'école ont probablement remarqué le fourgon, mais nous aurions eu beaucoup plus de badauds si nous avions essayé de les éloigner. Mme Horiuchi est sortie de chez elle juste avant 8 heures pour envoyer son fils à l'école. Je lui ai expliqué qu'il y avait eu un accident, et que nous devions procéder à certaines investigations.

— Comment a-t-elle réagi ?

— Tout à fait normalement. Préoccupée, mais pas vraiment curieuse. Elle m'a dit que son fils allait à l'école et en revenait seul, alors je lui ai proposé de l'accompagner moi-même jusqu'en dehors du périmètre bouclé. Comme il avait sur son sac une étiquette portant son nom et son adresse, il pourrait facilement rentrer chez lui, quoiqu'il me parût peu probable que le corps soit encore là l'après-midi. Mme Horiuchi a embrassé son fils, puis est rentrée dans la maison. J'ai fait traverser les barrières au petit, et il est parti en direction de l'école. Le prêtre est sorti une demi-heure après environ, dans son costume de cérémonie, avec sabots laqués noirs, coiffe et tout.

— Comment a-t-il réagi en voyant ce qui se passait ?

— Il nous a superbement ignorés, inspecteur. Ça m'a paru extraordinaire. Le docteur était arrivé entre-temps, et nous avions écarté les barrières pour le laisser approcher du corps, mais le prêtre a fait exactement comme si nous étions invisibles. Il est passé solennellement devant nous, sans un regard, et est entré dans le sanctuaire. Je le sais, parce que je l'ai suivi pour voir où il allait.

— Incroyable... Vous avez naturellement remarqué que le nom de Mme Horiuchi figure sur la liste des élèves particuliers que l'autre Américain vous a remise ?

— Oui, inspecteur.

— Sa première réaction, ou plutôt son absence de réaction, tendrait donc à prouver qu'elle ignorait que Craig Kington était mort. Mais à présent, elle le sait, et c'est ce qui m'intrigue. On aurait pu s'attendre à ce qu'elle soit un tant soit peu secouée d'apprendre que son professeur avait été assassiné devant chez elle, et pourtant ce matin elle m'a paru très détendue, comme si de rien n'était. Qu'en pensez-vous, Higashida ? Les Horiuchi ont-ils une réputation quelconque à Sumoto ?

Otani avait terminé depuis un moment son œuf et son toast, et il pelait à présent sa demi-banane, qu'on avait artistiquement découpée en zigzag.

— Le sanctuaire passe pour très prospère, et les gens considèrent le *kannushi-san* comme un homme aux dents longues. C'est lui qui, il y a quelques années, a ouvert l'école maternelle sur le terrain du temple. D'après ce que je sais, les tarifs en sont très élevés. De plus, il loue les places de parking au mois. La nouvelle loi interdisant d'acquérir une voiture sans pouvoir prouver qu'on a un endroit où la garer rapporte beaucoup d'argent aux gens qui ont la chance de posséder un terrain en ville.

— C'est vrai. J'ai vu également qu'il proposait tout une série de rites spéciaux, y compris pour éviter les accidents de voiture. Il est clair qu'il ne fait pas ça gratuitement. Et tout ça net d'impôts, bien sûr, puisqu'il s'agit d'un établissement religieux. Cela dit, je dois admettre que l'endroit est très bien tenu. Je suppose qu'une bonne partie de ses profits doit partir en frais d'entretien. Qu'est-ce qui vous fait sourire ?

— Excusez-moi, inspecteur, mais c'est tout simplement qu'il excelle à faire financer les travaux par des hommes d'affaires de la région. En échange, il leur fait de la publicité en exposant le nom des généreux donateurs, et ne refuse jamais de se déplacer pour bénir une nouvelle boutique ou un restaurant. Et puis il y a aussi le marché mensuel, qui se tient sur le terrain extérieur. Autrefois, c'était juste un petit *ennichi* regroupant les gens du coin, quelques étalages avec de la vaisselle et des casseroles, des jouets en plastique, des poissons rouges dans des sachets. Eh bien, si vous voyiez ce que c'est devenu... D'ailleurs, si vous êtes encore là vendredi, vous aurez l'occasion de le voir.

Otani fit la moue, mais ne répondit pas. Il prit l'addition, se leva et, Higashida sur les talons, se dirigea vers la jeune fille qui tenait la caisse près de la porte. Il resta silencieux jusqu'à ce qu'ils soient sortis, puis consulta sa montre.

— Bon, maintenant je voudrais que vous m'accompagniez jusque devant chez Mori. Qu'est-ce que c'est, son bureau ? sa maison ?

— Les deux, inspecteur.

— J'ai donc de bonnes chances de le trouver. Vous allez me montrer où c'est, et ensuite vous retournerez au commissariat pour appeler l'autre Américain. Dites-lui que nous aimerions passer le voir, vous et moi, dans l'après-midi, disons vers 16 heures. Je m'excuse de vous exclure de ma conversation avec Mori mais, à vrai dire, il ne s'agit pas d'un entretien officiel. Il m'a simplement demandé de passer le voir. D'autre part, c'est à vous de décider si vous voulez assister à ma conversation avec Mlle Ito tout à l'heure. Si oui, je vous verrai à la gare routière. Sinon, rendez-vous au bureau vers 15 h 30.

La maison de Tadao Mori, qui faisait également office de bureau, se révéla une splendide construction traditionnelle en bois, qui faisait penser, en plus petit, à l'auberge Tokiwa. S'avançant jusqu'à la porte, Otani découvrit une plaque mentionnant simplement « Tadao Mori, Avocat ». Comme il convient lorsqu'on veut s'annoncer, il essaya de faire coulisser la porte. Elle était verrouillée. Otani, qui aurait déjà trouvé cela inhabituel dans une maison privée, fut d'autant plus surpris qu'il s'agissait d'un bureau ouvert au public. Otani aperçut alors un bouton de sonnette, qu'il enfonça. La sonnerie parut retentir très loin, mais, l'ayant clairement entendue, il patienta une longue minute dans l'espoir que quelque chose se produise.

Lorsque cela se produisit, il en fut tout décontenancé. Sans qu'il ait entendu le moindre bruit de pas, la porte s'ouvrit en grinçant, un bras décharné jaillit de l'ouverture, saisit Otani par la manche et l'attira à l'intérieur avec une force étonnante.

— Vite, vite ! Il n'y a pas de temps à perdre ! déclara une voix de sexe indéterminé.

Otani eut d'abord l'impression que la maison était plongée dans l'obscurité complète, et il trébucha en passant brusquement de la lumière à l'ombre. La porte fut refermée aussi brusquement qu'on l'avait ouverte. Au bout de quelques instants ses yeux s'accommodèrent à la pénombre et il distingua le visage d'un homme âgé mais pétillant de santé, vêtu d'un veston noir, d'un pantalon à rayures et d'une chemise à large col. L'homme examina Otani avec une expression de forte désapprobation.

— Je n'ai pas le téléphone, remarqua-t-il d'un ton pincé, mais il eût été plus convenable de m'envoyer un mot. Non, non ! Il est trop tard pour vous excuser. Dites-moi plutôt, et sans chercher à biaiser, ce que vous savez de l'antique province d'Izumo.

Chapitre 6

— Je la connais. J'y ai même été plusieurs fois, fit Otani d'un ton prudent.

L'inspecteur était toujours, métaphoriquement parlant, dans le noir, bien qu'il se trouvât à présent dans une pièce vers laquelle son hôte étrange l'avait plus poussé que conduit, avant de lui dégager un fauteuil en balayant d'un geste les livres et dossiers qui l'encombraient, et qu'il laissa là où ils étaient tombés.

La pièce parut familière à Otani, lequel en avait vu du même genre chez plusieurs professeurs de la génération de son père. Les tatamis étendus au sol étaient recouverts d'un tapis élimé d'une couleur qui hésitait entre le brun et le rouge, et des liasses de papiers dépassaient des casiers d'un bureau à cylindre qui n'avait probablement pas été fermé depuis des années. L'avocat, le dos au bureau, était assis sur un vieux et énorme fauteuil pivotant qui couinait à chacun de ses mouvements. Le sol était encombré de piles de livres, tandis que les autres surfaces horizontales disparaissaient sous des objets artisanaux de toutes sortes. Les écrans tirés du shoji obscurcissaient la fenêtre, de sorte que ce capharnaüm était plongé dans la pénombre, exhalant une odeur de poussière, mêlée, devina Otani, à celle du cognac.

Tadao Mori paraissait lui avoir pardonné de n'avoir pas envoyé de mot avant de venir, mais Otani était conscient de faire piètre figure dans son examen oral concernant la province d'Izumo, ou plutôt, selon la terminologie qu'il employait habituellement, la préfecture de Shimane. Pour des raisons administratives, l'île d'Awaji faisait partie de la préfecture de Hyogo, laquelle s'étendait, sur le territoire de la grande île de Honshu, depuis Kobe jusqu'au rivage de la mer du Japon. Izumo se trouvait également sur la grande île, mais beaucoup plus à l'ouest. Otani, qui espérait que l'avocat allait en arriver à la raison de son invitation, si raison il y avait, résolut, à cause de l'intérêt qu'il éprouvait devant la personnalité de son interlocuteur, de faire preuve de patience.

— Parfait, parfait, lâcha Mori, mais je suis prêt à parier que vous connaissez peu de chose, sinon rien, sur les Matsudaira.

De vagues souvenirs scolaires d'avant-guerre remontèrent à l'esprit d'Otani.

— Ne s'agit-il pas des seigneurs féodaux qui dirigeaient autrefois la région ?

— Ah ! Ah ! Nous y arrivons, nous y arrivons ! Des seigneurs féodaux, oui, mais aussi *une famille qui, de notoriété publique, était ensorcelée par un renard.* Voilà le cœur de notre affaire, voyez-vous.

Mori frotta l'une contre l'autre ses mains osseuses, fit craquer les jointures de ses phalanges puis, les lèvres serrées, se rencogna dans son fauteuil avec un sourire satisfait, comme s'il avait exposé à Otani un long raisonnement dont il venait de tirer l'irréfutable conclusion.

— Je suis désolé, mais je n'ai pas la moindre idée de quoi vous voulez parler.

Mori émit un grognement théâtral, puis se redressa et se frappa le côté de la tête.

— Bon sang, je dois devenir sénile. Allons, je vous pardonne. J'ai en effet omis de vous dévoiler l'élément central, à savoir que la vieille Mme Suekawa, mère du propriétaire de l'auberge Tokiwa, est originaire d'Izumo, où sa famille était autrefois employée à des tâches domestiques dans la résidence des Matsudaira. Vous saisissez, à présent ?

— Non, pas plus que je ne comprends pourquoi vous m'avez écrit.

Otani eut conscience qu'un avis aussi directement exprimé contrevenait aux règles les plus élémentaires de la courtoisie, mais il commençait à penser qu'il se trouvait en présence d'un inoffensif illuminé et qu'il perdait son temps à l'écouter.

Mori fit un visible effort pour trouver un meilleur moyen de s'exprimer, puis se pencha en avant d'un air confidentiel. Il sourit à Otani, révélant une rangée de fausses dents à la fois trop grosses et trop régulières.

— *Réfléchissez*, mon cher inspecteur. Vous me paraissez un homme intelligent, contrairement à ce bouffon de Takada, à qui j'ai expliqué tout ceci en vain. Réfléchissez, et vous vous apercevrez que, comme c'est toujours le cas, Mme Suekawa a hérité ce sortilège de sa famille, et elle a apporté le renard avec elle ici à Sumoto. Il est à présent confortablement installé à l'auberge Tokiwa, avec ses soixante-quinze assistants habituels. Ou devrais-je dire inconfortablement ? Vous êtes à la recherche d'un assassin, inspecteur ? Croyez-moi, le meurtrier n'est autre que le renard.

Otani pratiquait depuis tant d'années le contrôle de son expression qu'il lui fallait rarement un effort conscient pour y parvenir. Ce fut pourtant le cas à cette occasion. Entendre parler de renard ensorcelé ou ensorceleur ne lui était pas entièrement étranger. Comme tous les Japonais, on lui avait raconté dans son enfance des histoires de renards fabuleux qui adoptent une forme humaine pour ensorceler, jouer des tours et parfois faire des faveurs aux humains qu'ils se mettent en tête d'aider. Quelquefois, dans ces contes, l'un d'eux adoptait la forme d'une belle femme qui épousait un malheureux et lui faisait des enfants. D'autres se déguisaient en voyageurs et trompaient un honnête vendeur de nouilles ou de *tôfu* pour lui dérober sa marchandise.

Ce qui trahissait ces créatures étonnantes était l'extrémité blanche de leur queue touffue qu'elles avaient quelque difficulté à empêcher de dépasser de leurs vêtements humains ; en dehors naturellement de leur goût immodéré pour le tôfu, nature ou grillé, et pour le riz aux haricots rouges. Otani se rappelait même avoir entendu dire qu'autrefois, dans des régions reculées, on pensait que certaines familles abritaient l'esprit du renard : fortune ambiguë qui pouvait aussi bien les guider sur la voie de la prospérité que les voir tenues à l'écart par leurs voisins, ce qui rendait leurs filles virtuellement impossibles à marier, du moins dans leur région. Mais il y a longtemps qu'on ne prêtait plus crédit à de telles absurdités.

— Une hypothèse intéressante, *sensei*, fit-il en brisant le silence qui s'était instauré depuis quelques minutes. Mais je crains de devoir adopter un point de vue beaucoup plus terre à terre dans mon enquête et, honnêtement, je ne pense pas avoir à intégrer un renard à ma liste de suspects.

— C'est ce que nous verrons, rétorqua Mori d'un ton calme.

Otani examina son visage. Excentrique, il l'était sans

aucun doute, mais fou, voilà qui était beaucoup moins sûr. Une fois que vous vous étiez habitué à son curieux mélange de pédanterie et d'économie de langage, il n'avait plus rien à voir avec les fêlés qui déboulaient régulièrement dans les commissariats en babillant à propos de soucoupes volantes ou de tentatives d'assassinat effectuées sur leur personne par des sbires de l'empereur. De toute évidence, Tadao Mori était un homme cultivé, tout autant, d'après Higashida, qu'un citoyen écouté et un historien amateur respecté. La réaction de Noriko Ito quand il avait prononcé son nom n'avait été dictée que par la prudence. Et puis, le regard seul de Mori dénotait un homme en pleine possession de ses facultés.

— J'ai entendu parler de gens possédés par l'esprit du renard, finit par admettre Otani. Mais c'était dans mon enfance. Avant les progrès récents de l'éducation, c'est sans doute un mélange d'autosuggestion et de préjugés sociaux qui rendait ces fantaisies crédibles.

— Voilà un raisonnement parfaitement spécieux, typique d'un homme trop jeune pour avoir évité la contagion matérialiste. Je ne vous blâme pas, inspecteur, ajouta Mori d'un ton indulgent. Quant à moi, qui ai étudié le phénomène de très près, je puis seulement vous assurer que vous faites fausse route. Je suppose que vous avez eu le temps de vous rendre au sanctuaire Inari où a été trouvé le corps du jeune homme ?

— Oui, j'y suis allé.

— Et malgré cela, la signification du *lieu* où a été commis le meurtre — un meurtre sanglant, à ce qu'il paraît — vous échappe, n'est-ce pas ?

— Le sang. Je vois où vous voulez en venir. La souillure suprême pour les shintoïstes.

— Exactement. Il existe aujourd'hui encore dans le

pays un certain nombre de temples où vous remarquerez des panneaux interdisant l'accès aux femmes qui sont en période de menstruation. Imaginez à quel point il est considéré comme sacrilège de répandre du sang de manière délibérée et criminelle dans un tel lieu ! Mais vous vous obstinez à ignorer le point central, à savoir que si le shintoïsme reconnaît d'innombrables divinités tutélaires, notre sanctuaire est un sanctuaire Inari. A quel dieu est-il dédié ?

— A Inari, évidemment. Le dieu du riz.

— Je suis heureux de constater que vous n'êtes pas totalement ignorant. Je passerai sur le fait que de nombreux érudits prétendent qu'il n'y a jamais eu de divinité de ce nom, et qu'Inari est né de l'imagination de paysans illettrés qui n'avaient jamais étudié les *Annales des temps anciens*. Il suffit, pour ce qui nous concerne, qu'Inari, dieu ou déesse, figure depuis des siècles dans le panthéon. Et qui, cher ami, sont les messagers et les serviteurs d'Inari ? Ah ! Je distingue une lueur dans votre regard. Eh oui ! Ce sont les renards !

Otani revit dans son esprit les deux renards de pierre qui gardaient l'entrée du sanctuaire, et la figurine que serraient les mains de Craig Kington sur les lugubres photographies du cadavre. Tadao Mori pouvait-il être au courant ? Higashida l'était, bien sûr, ainsi que le chauffeur de la police qui l'avait aidé ce matin-là, le médecin qui avait effectué les premiers examens et le spécialiste venu relever les empreintes — à moins que le rôle de ce dernier, tout comme celui de photographe, n'ait été le fait du seul Higashida. Mori avait, de son propre aveu, exposé sa théorie absurde à l'inspecteur Takada, qui avait préféré se boucher les oreilles ; se pouvait-il qu'il ait mentionné à Mori l'étrange présence du petit renard dans les mains de Kington si Higashida lui en avait parlé ? C'était peu probable. Takada désirait se tenir le plus loin possible de cette histoire, et Otani commençait à éprouver une certaine compréhension pour son point de vue.

Quant à Mori, les choses auraient été plus faciles pour Otani s'il avait pu le cataloguer parmi les doux dingues, mais malheureusement, il devait bien avouer que parmi son fatras d'idées délirantes il y avait un ou deux points qui valaient la peine qu'on s'y intéresse. Il était contraint d'admettre qu'il existait certainement un rapport entre le lieu du crime et la figurine du renard. Peut-être n'était-ce qu'une tentative grossière de faire porter les soupçons sur le prêtre Horiuchi et sa femme, l'un et l'autre ayant apparemment des choses à dissimuler. Mais le reste n'était qu'un méli-mélo insensé, et il était grand temps qu'il fasse part de son opinion au vieil avocat.

— Mori-sensei, dit-il d'une voix calme. Vous êtes un homme de loi. En tant que tel, même si vous vous occupez sans doute plus d'affaires civiles que criminelles, vous savez mieux que la plupart de vos concitoyens en quoi consiste une enquête policière. Vous êtes également un éminent citoyen de Sumoto, ainsi qu'un érudit respecté. Est-ce qu'un homme de culture tel que vous s'imagine un seul instant que je vais rentrer à Kobe pour annoncer à mes supérieurs et au procureur du district que, d'après mes recherches, ce jeune missionnaire américain a été assassiné par un ou plusieurs renards inconnus, pour des motifs inconnus, mais probablement sur ordre du dieu du riz ?

— Pas inconnus, inspecteur. Pas du tout inconnus. Je pensais avoir éclairci ce point. Le renard appartient à la famille Suekawa, et l'étranger a dû gravement l'offenser.

C'en était trop. L'avocat déraillait et il était temps de partir. Mori ne fit aucune autre tentative pour le retenir que de lui proposer sans conviction une boisson fraîche ou une tasse de thé. Otani déclina l'offre, au soulagement manifeste de Mori, et quelques minutes plus tard Otani était dehors, clignant des yeux dans la lumière du soleil.

Il consulta sa montre et se demanda brièvement s'il devait retourner au sanctuaire pour interroger officiellement Mme Horiuchi, puis décida qu'il était préférable d'attendre d'abord des nouvelles du commissariat central d'Akashi. Ses collègues n'avaient certainement eu aucune difficulté à repérer la voiture d'Horiuchi à sa sortie du ferry et à le filer, mais restait à savoir si cette initiative avait donné des résultats. En tout cas, plus il en apprendrait sur le prêtre avant de parler à sa femme, mieux cela vaudrait.

Otani jeta un regard autour de lui et huma l'air, étonnamment doux pour la saison. Il avait beaucoup de choses sur lesquelles réfléchir : une moisson d'idées et d'impressions incroyablement riche compte tenu qu'il était à Sumoto depuis moins de vingt-quatre heures. Il décida de les laisser décanter au fond de son esprit et, en attendant 14 h 15, heure de son rendez-vous avec Noriko Ito à la gare routière, de profiter du beau soleil pour explorer la ville et trouver un endroit où se restaurer.

Sa promenade ne lui fit pas découvrir grand-chose. Sumoto était une petite bourgade serrée autour de son centre et nichée parmi de petites collines boisées. A quelque distance de la ville elle-même, les sources d'eau chaude avaient fait naître une station thermale peu avenante, composée d'une demi-douzaine d'auberges dont aucune ne pouvait rivaliser avec le Tokiwa, deux ou trois bars et un petit cinéma d'aspect miteux spécialisé dans les films « roses ». A en juger par les affiches apposées à l'extérieur, le film de la semaine présentait des gangsters en costume trois-pièces et lunettes noires lorgnant des filles nues jusqu'à la taille et attachées par les poignets et les chevilles au mobilier d'un appartement luxueux. On eût pu d'ailleurs soupçonner le film de la semaine suivante d'avoir fait appel aux mêmes acteurs pour faire la même chose, mais cette fois en revêtant — et pour les filles, en ôtant — des costumes traditionnels.

Otani repassa devant le commissariat et repéra la gare routière, située près des bureaux de la municipalité. Très peu de bâtiments avaient plus d'un étage, même dans le centre-ville, à l'exception notable d'une imposante clinique privée qui paraissait avoir été construite tout récemment. Un immeuble de ce type était un fait rare au Japon à cette époque, même dans les grandes agglomérations.

Sumoto ne semblait comporter qu'une seule rue commerçante, une large artère rectiligne de deux ou trois cents mètres de long, bordée principalement de charmantes boutiques aux étalages en désordre débordant sur la rue et de quelques commerces plus importants. La Mitsubishi Bank avait ici un siège, tout comme la Hyogo Trust Bank. Se découpant sur cette toile de fond moderne et luxueuse, quelques vieilles femmes vendaient du poisson, des légumes et des fruits au bord de la chaussée. La bonne et fraîche odeur que dégageaient leurs produits rappela à Otani qu'il n'avait pas mangé de repas décent depuis la veille au soir.

Tenté un instant d'entrer dans un bar à sushi à l'air accueillant, il consulta la liste des tarifs affichés dans une petite vitrine et décida d'aller manger, pour le quart du prix, un bol de nouilles dans une cantine des environs. L'endroit où il entra n'avait rien de raffiné, mais il y régnait une impeccable propreté et il y fut accueilli avec chaleur. Une affiche manuscrite punaisée au mur proposait plus d'une demi-douzaine de plats de nouilles, à la mode chinoise ou japonaise. Aux fines et brunes *soba* de sarrasin, Otani préférait en général les épaisses pâtes *udon* blanches, qu'il commandait avec la populaire garniture de poitrine de poulet et de fines tranches d'oignons de printemps. Pourtant, lorsque la serveuse vint prendre sa commande, il demanda, presque sans réfléchir, des *kitsune udon*, ou « nouilles du renard ». Ce qui, sans conteste, était dans le droit-fil de sa récente conversation avec Tadao Mori.

Quelques minutes plus tard, la serveuse lui apporta un énorme bol fumant, et Otani prit une paire de baguettes dans un bocal disposé sur la table. Il considéra d'un air satisfait la généreuse portion de nouilles baignant dans un potage à l'odeur appétissante, surmonté d'une petite montagne de morceaux de fromage de soja frits. Il en saisit un entre ses baguettes et le mâchonna d'un air songeur, appréciant sa texture légèrement élastique mais frappé une fois encore par le fait que le tôfu n'avait pratiquement aucun goût. Il était d'autant plus étrange que les renards aient été censés l'apprécier au point qu'on ait accolé leur nom au plat.

Et encore plus étrange qu'un meurtre spectaculaire ait eu lieu dans une bourgade semi-léthargique telle que Sumoto. La ville n'était pourtant pas avare de surprises : un jeune policier plein d'entrain et de capacités ; une auberge dont le propriétaire se révélait un chef talentueux, marié à une femme aux charmes mûrs mais indéniables et employant une servante communiste au caractère rebelle mais à l'esprit vif ; un chef de la police qui, pour le meilleur ou pour le pire, se tenait délibérément à l'écart ; un avocat à l'esprit dérangé qui délirait sur des renards ensorcelés ; et une jeune mère cultivée qu'un meurtre commis sur le seuil de sa maison laissait apparemment imperturbable.

Otani termina ses nouilles du renard, but le reste du potage à même le bol, s'essuya la bouche avec son mouchoir, régla sa note et quitta l'humble *shokudo*, curieux de savoir si l'après-midi serait aussi intéressant que l'avait été la matinée.

Chapitre 7

— Lui avez-vous parlé de la théorie de Mori ? s'enquit Noriko en jetant un coup d'œil à Higashida qui feuilletait d'un air maussade des bandes dessinées à la devanture d'un kiosque, à une quinzaine de mètres du banc où ils étaient assis.

La matrone qui tenait le kiosque regardait d'un air agacé ce client peu empressé, mais ne fit rien pour l'empêcher de tripoter les revues. Otani, non sans une certaine surprise, avait vu Higashida arriver à la gare routière peu avant 14 h 15, mais Noriko, qui se présenta quelques minutes en retard en jean et pull-over, avait aussitôt exigé de rester seule avec Otani.

— Non, je n'ai pas eu le temps de lui en parler avant que vous ne le chassiez. Pourquoi refusez-vous qu'Higashida participe à notre conversation ? Si je dois vous demander de faire une déposition officielle, il faudra qu'il en soit témoin.

— Je sais quelque chose, et ça ne me dérange pas de faire une déposition s'il le faut et quand il le faudra. Ce que je pense ou ne pense pas est une chose entièrement différente, et ça n'a rien à voir avec lui.

Afin de briser la glace et l'amener à parler, Otani lui avait fait un compte rendu largement expurgé de sa conversation avec Mori, dont il avait tu l'obsession envers les renards, mais relaté la conviction que des choses suspectes se déroulaient au sein de la famille Suekawa. Se souvenant de la réaction de Noriko quand il avait mentionné le nom de Mori la veille au soir, Otani s'était attendu à ce qu'elle tente de dévier la conversation, mais constatait au contraire qu'elle ne cherchait aucunement à esquiver le sujet. Elle lui expliqua que Mori était connu pour assener à qui voulait l'entendre ses opinions sur certaines familles envers lesquelles il en était venu, pour une raison ou pour une autre, à éprouver de l'inimitié, et ne parut pas surprise de son animosité envers les Suekawa.

— Bon. Mais ce qui m'intéresse, c'est ce que vous pensez, vous. Et vous comprendrez que je pourrai difficilement éviter de mentionner ce que vous allez me dire dans mes discussions avec Higashida sur cette affaire. Mais j'essaierai d'être le plus imprécis possible. Trouvez-vous quelque chose de bizarre à la famille Suekawa ? Je suppose que vous vivez au Tokiwa ?

— Non. J'y ai vécu quelques semaines l'année dernière, quand j'ai commencé à y travailler, mais à présent j'ai une chambre près de l'auberge, dans une maison que j'occupe avec quelques camarades. Et puis ma famille ne vit pas très loin, à moins d'une demi-heure de car. Je vais souvent y passer mes jours de repos.

— Je vois. Cela vous ennuierait-il de me dire pourquoi vous avez cessé de vivre à l'auberge ?

— Oui, ça m'ennuierait.

Noriko ne voulut pas en dire plus, mais quelque chose dans son expression suscita en Otani la vision de l'onctueux Suekawa lui faisant les avances les plus crues, peut-être même pénétrant de force dans sa chambre.

— Dans ce cas, je vous repose ma question précédente. Mori pense que les Suekawa ont quelque chose de... d'un peu effrayant. Entre nous, je crains qu'il n'ait pas tout à fait la tête sur les épaules, mais qu'en pensez-vous ?

Otani avait acquis la conviction que Noriko déployait de pénibles efforts pour arborer en permanence une expression renfrognée, de sorte qu'il fut ravi du bref sourire qui illumina son visage, et du pouffement vite réprimé qui l'agita.

— Il a dû vous parler de la vieille et de son tôfu. Il est persuadé que c'est une sorcière.

— Vous n'avez pas l'air d'être de son avis.

— Bien sûr que non. Elle est toquée, d'accord, mais pas méchante.

— Parlez-moi de ce tôfu.

— Oh, il n'y a pas grand-chose à dire. Elle en chipe un bol dans la cuisine quand elle croit qu'on ne la voit pas et va le mettre derrière la maison avant d'aller se coucher. Elle dit que c'est pour le renard et sa famille. Inutile de préciser qu'il ne reste aucun renard dans le coin. Chaque fois que son fils la surprend, ils se disputent comme des chiffonniers. Il la traite de vieille sorcière qui gaspille la nourriture, et elle lui rétorque que ce sont les renards qui font marcher la maison.

— Comment Mori peut-il être au courant ?

— Il adore apprendre des choses sur les gens. Vous vous trompez si vous pensez qu'il n'a pas toute sa tête. D'abord, il est l'un des hommes les plus riches de l'île. Il a des propriétés partout, et à mon avis il sera propriétaire du Tokiwa avant longtemps.

— Vous êtes sérieuse ?

— Absolument. Les Suekawa se sont endettés jusqu'au cou auprès de lui. Bon, je n'ai pas tout l'après-midi pour moi, vous savez. Si vous en arriviez au problème qui vous préoccupe ?

— A quel problème pensez-vous ?

— Eh bien, arrêtez-moi si je me trompe, mais il me semble que vous êtes ici pour enquêter sur un meurtre. Or on dirait que vous posez des questions sur tout le monde, sauf sur Craig Kington. Vous ne vous êtes donc jamais demandé *pourquoi* on l'avait tué ?

— Évidemment que j'y ai réfléchi. D'ailleurs, Higashida et moi avons justement rendez-vous tout à l'heure avec son collègue.

— Gary Wilson. Vous n'en tirerez pas grand-chose.

— Nous verrons ça, hein ? Au moins, je sais qu'il parle couramment notre langue. Mais je vous assure que je m'intéresse beaucoup à Craig Kington, alors pourquoi ne me parleriez-vous pas de lui ? Peut-être même allez-vous me dire qui l'a tué et pourquoi ?

Le regard que lui jeta Noriko lui fit comprendre qu'il s'y prenait mal avec elle. Vu ce qu'il connaissait déjà de son caractère et de ses opinions, il était primordial, s'il voulait gagner sa confiance, qu'il évite de se conduire en bureaucrate pompeux et qu'il lui fasse comprendre au contraire qu'il était capable de l'écouter et de la prendre au sérieux, en deux mots de la traiter comme l'adulte responsable et intelligente qu'elle était. Il devait donc s'abstenir de se moquer, d'une manière qu'elle considérait à juste titre comme paternaliste, de ses manières à la fois effrontées et farouches.

— Pardonnez-moi, Ito, dit-il, pour ces paroles irréfléchies et condescendantes. S'il vous reste quelques minutes à me consacrer, je serais sincèrement intéressé de connaître votre opinion.

Elle le regarda quelques instants encore avec froideur, puis son expression se radoucit.

— Vous êtes un homme étrange. Higashida m'a raconté qu'hier vous vous étiez excusé auprès de lui, et que vous aviez l'air sincère. Il n'en revenait pas. Et aujourd'hui, c'est à moi que vous demandez pardon.

Otani haussa les épaules d'un air embarrassé.

— C'est que votre attitude est un peu, disons... déconcertante, peut-être. Je crois que je vous ai parlé comme ça parce que vous m'avez acculé à la défensive.

— Pourquoi ? Parce que je pense que les choses vont mieux en Corée du Nord qu'ici ?

Cette fois, ils se sourirent de bon cœur, de nouveau en bons termes.

— Eh bien, si vous en êtes persuadée, je suppose que vous êtes prête à croire n'importe quoi, et pourtant j'aimerais quand même entendre votre opinion sur cet Américain. Vous le connaissiez ?

— Un peu. Peu après leur arrivée à Sumoto, lui et Gary Wilson sont venus à une manif que notre groupe avait organisée pour protester contre l'augmentation du budget des prétendues forces d'autodéfense. Il s'est vite avéré qu'ils étaient venus pour discuter, ce qui d'ailleurs aurait pu leur attirer des ennuis vu que les étrangers sont interdits de toute activité politique au Japon. Nous les avons donc écartés du cortège, et votre redoutable collègue debout là-bas s'en est mêlé. A propos, il a l'air d'en avoir par-dessus la tête de lire des bandes dessinées. Si vous l'appeliez ? Ça ne me fait rien qu'il vienne, à présent.

Higashida, qui n'avait cessé de leur jeter des regards de chien battu, sourit d'un air épanoui et les rejoignit sitôt qu'il vit Otani lui faire signe.

— Mlle Ito vient de me dire que vous aviez tous deux connu Kington et Wilson dans une manifestation peu après leur arrivée à Sumoto. Vous étiez là pour surveiller le rassemblement, je suppose ?

— Exact, inspecteur. J'étais d'ailleurs en civil et...

— Et nous savions tous qu'il était flic, évidemment.

Otani les considéra tous deux d'un air bienveillant, amusé à l'idée que les autorités, qui considéraient Noriko Ito comme un élément subversif, avaient chargé l'agent Higashida — il faudrait bien qu'il se décide à lui demander son prénom — de la surveiller. Ça n'était certainement pas pour lui déplaire ! Car dans ce banal décor de gare routière, les deux jeunes gens ressemblaient à ce qu'ils étaient vraiment : un garçon et une fille fortement attirés l'un vers l'autre, mais peu sûrs d'eux et mal à l'aise en présence de cet étranger impressionnant, assez âgé pour être leur père.

— Vous avez donc prévenu les deux Américains que leur participation à une manifestation était contraire aux règles de séjour des étrangers dans notre pays, mais vous n'avez pas pris de mesures contre eux, c'est bien ça ?

— Absolument, inspecteur. Ça ne m'a pas paru nécessaire. Ils comprenaient très bien ce que nous expliquions. Le plus âgé, Gary Wilson, a tenté de discuter, mais au bout de quelques minutes ils se sont éloignés tranquillement.

— Deux ou trois jours plus tard, poursuivit alors Noriko, Craig Kington s'est présenté un matin à l'auberge Tokiwa pour proposer des cours gratuits de conversation anglaise. Il nous a fait tout un laïus sur la nécessité de nous préparer au grand boum touristique qui accompagnerait l'Expo 70 d'Osaka. Mais vu que sur les milliers de gaijin qui sont venus assister aux Jeux olympiques de Tokyo en 64, pas un seul, autant que je sache, n'est venu jusqu'à Awaji, je lui ai fait remarquer qu'il me semblait peu probable que le Tokiwa soit envahi de touristes dans deux ans. Puis Mme Suekawa est venue voir ce qui se passait. Elle est immédiatement tombée sous le charme de Kington et de son accent. Elle lui a proposé d'entrer et m'a demandé de servir du thé et des gâteaux. J'ai vite compris que si quelqu'un devait prendre des leçons d'anglais au Tokiwa, ce serait elle et non moi.

— Le nom de Mme Suekawa ne figure pas sur la liste d'élèves que vous a donnée Wilson, dit-il à Higashida avant de se tourner à nouveau vers Noriko. A-t-elle effectivement pris des cours avec lui, après cette première rencontre ?

— Pas au Tokiwa, en tout cas. Mais elle est restée en contact avec lui.

— Vous êtes sûre ?

— Tout à fait sûre. Parce que je le voyais aussi.

— *Vous ?*

— Oui. Craig était interdit d'activité politique, mais rien ne l'empêchait de rencontrer certains d'entre nous de temps en temps pour parler anglais. Il m'avait donné une de ses cartes et après en avoir parlé avec quelques camarades, j'ai mis sur pied un groupe de discussion informel. Nous nous réunissions chez l'un ou l'autre.

— Et pourquoi donc un missionnaire chrétien participait-il à ce genre de discussions ? Et d'ailleurs, pourquoi vous et vos amis vouliez-vous tant parler avec lui ?

Noriko haussa les épaules.

— Nous autres progressistes sommes des internationalistes. Nous aimons être en contact avec les camarades d'autres pays, lire leurs journaux, correspondre avec eux, les rencontrer un jour si l'occasion se présente. La plupart d'entre nous connaissons l'anglais, mais nous avons pensé que c'était une bonne opportunité de parler la langue. Quant à Craig, il ne nous a pas dissimulé ses intentions : il disait qu'il espérait bien nous convertir. Nous nous moquions de lui. C'était une plaisanterie de sa part, parce qu'il était clair que son premier objectif était de rencontrer des Japonaises pour coucher avec elles.

Otani jeta un regard oblique à Higashida qui, rouge jusqu'aux oreilles, prit un air outré. Quant à l'inspecteur, bien que décontenancé par la candeur de Noriko, cela faisait longtemps qu'il n'était plus choqué par un phénomène aussi banal que le désir masculin.

— Je connais peu de chose sur ces mormons, fit-il d'un ton hésitant, mais il me semble avoir lu ou entendu quelque part qu'ils étaient pourtant très stricts sur ce point.

— Non, vous confondez avec les excitants, rétorqua Noriko d'une voix posée. Ils ne doivent pas fumer, ni boire d'alcool, ni de café, ni même de thé. Craig n'était d'ailleurs pas particulièrement strict. Il ne fumait pas, mais il buvait comme tout le monde pendant nos réunions. Quant au sexe, il a essayé plusieurs fois de nous expliquer l'attitude des mormons sur le sujet, mais je n'ai jamais très bien compris. Il n'était pas prêtre, voyez-vous. D'après ce que j'ai retenu, une fois qu'ils ont terminé leurs études, tous les jeunes mormons doivent partir un ou deux ans comme missionnaires, en Amérique même ou à l'étranger, avant de revenir chez eux, où ils se marient et travaillent comme n'importe qui. Craig disait qu'avant les mormons pouvaient avoir le nombre de femmes qu'ils voulaient, comme autrefois en Chine ou au Japon, mais que c'était à présent illégal en Amérique. Je suppose qu'ils se rattrapent en ayant des maîtresses, comme le font les Japonais.

— Hum... Je vois. Mais revenons-en à Mme Suekawa, si ça ne vous fait rien. Vous dites que vous étiez certaine qu'elle revoyait Craig Kington, mais pas au Tokiwa. Dans ce cas, où pouvaient-ils se rencontrer ? Sûrement pas dans vos réunions ?

— Vous voulez rire ! Non, bien sûr que non. Lui et Gary Wilson partageaient une maison. L'une des pièces est équipée d'un tableau noir, d'un projecteur, etc. Il pouvait donc y recevoir des élèves, individuellement ou en petits groupes.

— Higashida-kun, avaient-ils l'autorisation de monter un cours de langue ?

Depuis un moment, Higashida était perdu dans des spéculations concernant la possibilité que Noriko Ito ait pu faire partie des Japonaises que Kington avait attirées dans son lit, et se demandait si elle lui avait cédé. Otani dut répéter la question. Il mit un moment à la comprendre, puis fut incapable de répondre, et Otani se dit qu'il poserait la question directement à Gary Wilson. Il s'adressa de nouveau à Noriko.

— Serez-vous au Tokiwa ce soir ?

— Oui. Entre 5 heures et 8 heures, à peu près.

— J'aimerais vous dire deux mots à ce moment-là, quand nous aurons vu Gary Wilson. Je vous remercie. Vous nous avez indiqué plusieurs pistes qui, sans vous, auraient pu nous échapper.

— C'est bien ce qui me semblait. A tout à l'heure.

— Merci encore et...

Mais elle était déjà partie, petite silhouette insouciante qui disparut au coin de la rue sous le regard soupçonneux de l'agent Higashida.

Chapitre 8

— Et si vous voulez mon avis, fit Otani avec humeur, elle voulait que vous le sachiez, et c'était moins gênant pour elle de le dire en ma présence.

Il trouvait qu'il en avait assez entendu concernant Noriko Ito de la part d'Higashida.

— De toute évidence, vous en saviez beaucoup moins que vous ne le pensiez sur ses relations. C'est ici ?

— Oui, inspecteur.

Higashida, ruminant ses illusions perdues, avait guidé Otani à travers un labyrinthe de ruelles avant de s'engager dans un étroit passage entre un marchand de riz et de sel et un réparateur de bicyclettes. Une petite construction en bois avait été édifiée de bric et de broc dans ce qui devait être à l'origine la cour du réparateur de vélos, face au mur aveugle derrière lequel vivait le marchand de riz.

— Un endroit discret une fois que vous êtes à l'intérieur, remarqua Otani. En revanche, le vieux marchand de riz doit être au courant de toutes les allées et venues. Vous devriez avoir une conversation avec lui un de ces jours. Et aussi avec le réparateur de vélos, quoiqu'il ne vive pas ici.

— Entendu, inspecteur. La boutique de riz a un

téléphone et le vieux prend des messages pour les Américains — ou plutôt pour M. Wilson, à présent. Il est allé le chercher quand j'ai appelé ce matin. Mais nous sommes en avance, inspecteur. Il ne nous attend pas avant 15 h 30.

Une petite cloche semblable à celles que l'on trouve dans les temples bouddhistes était fixée devant la porte de la maison, un méchant bout de ficelle suspendu au battant. La clochette produisit un tintement grêle lorsque Otani l'agita. La porte s'ouvrit presque aussitôt et il se trouva en présence de Gary Wilson.

Otani avait rencontré de nombreux Occidentaux avant lui, dont certains capables de se faire correctement comprendre en japonais. Pourtant, il avait toujours douté de leur capacité à parler parfaitement sa langue et, bien qu'on l'ait prévenu que le jeune homme de haute taille debout sur le seuil la parlait exceptionnellement bien, il fut agréablement surpris de le voir s'incliner avec respect en récitant toutes les courtoisies d'usage. L'accent américain restait perceptible mais, tandis que Wilson les invitait à entrer tout en débitant des commentaires sur le temps qu'il faisait, Otani s'y habitua très vite.

Le grand et mince Gary Wilson était vêtu d'un discret costume gris sombre, d'une chemise blanche et d'une cravate d'un bleu indéfinissable qui se rapprochait de la couleur de celle d'Otani. Il avait les cheveux bruns coupés court et bien peignés, des ongles soignés, et il dégageait une forte odeur de désinfectant. L'aspect plus qu'ordinaire de son apparence générale rendait son visage d'autant plus intéressant. Il était en effet inhabituellement creusé et marqué pour un homme qui n'avait pas atteint la trentaine, mais ce qui frappa le plus Otani était son extrême pâleur. La peau de Wilson était crayeuse, et même ses lèvres paraissaient étonnamment pâles. Le visage aurait tout eu du masque mortuaire, surtout en raison de l'odeur d'hôpital qui flottait autour de lui, s'il n'y avait pas eu ce pétillement dans les yeux caramel de l'Américain.

L'intérieur de la maison démentait sa façade délabrée. Malgré son exiguïté, l'absence de désordre et de cette accumulation de bibelots propre à la plupart des foyers japonais lui conférait une apparence spacieuse. Il y avait juste assez de place dans la minuscule entrée pour qu'Otani et Higashida puissent ôter leurs souliers et enfiler les chaussons de feutre que Wilson, lui-même chaussé d'une paire semblable, avait préparés à leur intention. L'entrée donnait directement sur le salon qui, de toute évidence, faisait également office de salle de cours. La pièce était meublée à l'occidentale, avec un sol recouvert de linoléum brun-rose et les murs peints en blanc, au lieu d'être enduits de l'habituel plâtre marron clair.

Le mobilier était réduit au minimum : une table carrée au plateau de plastique était entourée de quatre chaises, tandis qu'un unique fauteuil était placé dans un coin, à côté d'une table basse sur laquelle trônait un projecteur et deux boîtes de diapositives. La sévérité de la pièce était adoucie par deux tapis à rayures rouges et grises et trois affiches en couleurs punaisées face à la porte.

Gary Wilson fit asseoir ses deux visiteurs à la table puis s'excusa et disparut brièvement par une porte au fond de la pièce. Pendant son absence, Otani examina les affiches, maladroitement dessinées et lourdement didactiques. L'une représentait l'intérieur d'une cuisine américaine avec ses divers objets usuels, tels que les bouteilles de lait et de ketchup, les tasses et soucoupes, un torchon à verres, une pendule, etc. La deuxième affiche entendait familiariser les élèves avec le vocabulaire des transports, l'artiste ayant réussi le tour de force de faire figurer, dans une scène aussi étonnante qu'improbable, non seulement un autobus, un train, un bateau et un avion, mais aussi des bicyclettes et des voitures. La troisième enfin évoquait le monde agricole : un tracteur apparaissait au premier plan, entouré d'un bestiaire hétéroclite regroupant une vache, un mouton, un cochon et quelques poules, tandis qu'à l'arrière-plan se dressaient une grange et une écurie d'où émergeait le museau d'un cheval.

Wilson réapparut bientôt avec un plateau sur lequel il avait empli trois verres de Calpis. Otani appréciait cette boisson à base de yaourt liquide qu'avait popularisée la publicité, et en avala avec plaisir une gorgée lorsque Wilson les invita à boire. Puis l'inspecteur s'excusa de lui avoir fixé un rendez-vous si rapide, « surtout compte tenu du fait que vous avez déjà fourni des informations précieuses à mon collègue ici présent ». Bien qu'il restât silencieux, Higashida fut visiblement enchanté de cette présentation.

— Sans vouloir vous déranger, poursuivit Otani, à un moment qui doit être fort pénible pour vous, je crains d'avoir à éclaircir certains points avec vous.

— Je comprends. Je ferai de mon mieux pour vous être utile.

— Merci. J'étais sûr de pouvoir compter sur votre coopération. Je commencerai, si vous le voulez bien, par résumer ce que vous nous avez appris. Vous avez formellement identifié le corps de Craig Kington à la morgue de l'hôpital le jour où il a été découvert. La dernière fois que vous l'avez vu vivant, c'était la veille, le dimanche après-midi. Exact ?

— Oui. J'attendais deux élèves ici pour 17 h 30. Il est sorti juste avant.

— Et il n'est pas revenu de l'après-midi ?

— Je ne pense pas, mais je ne peux pas le dire avec certitude.

Otani haussa un sourcil.

— La maison est petite. Il me semble difficile que l'un d'entre vous puisse entrer ou sortir sans que l'autre s'en aperçoive.

— Pardonnez-moi de ne pas avoir été plus clair, inspecteur. Après mon cours, je suis sorti manger. Dans un bar à *tempura* . J'ai parlé un long moment avec le cuisinier et je suis rentré tard. Vers 9 heures, je pense. Craig a donc pu rentrer et ressortir, soit pendant mon absence, soit après que je suis monté dans ma chambre. J'ai un petit poste de télévision là-haut, et quand je la regardais, il pouvait rentrer sans que je l'entende.

— Je vois. Mais en tout cas, il n'était pas là à 21 heures ?

— J'en suis à peu près sûr. Il était peut-être au lit, naturellement, mais cela me paraît peu probable. Il se couchait toujours beaucoup plus tard que moi.

— Nous pouvons donc dire que jusqu'à ce que vous appreniez ce qui s'était passé, vous supposiez que votre ami était rentré soit pendant que vous regardiez la télévision, soit après que vous vous étiez endormi ?

— Oui, c'est exact.

Otani but une longue gorgée de son Calpis, puis remua sur sa chaise.

— Vous êtes entièrement libre de refuser, bien sûr, mais nous laisseriez-vous visiter le reste de la maison ?

Wilson se leva aussitôt.

— Mais naturellement. Il n'y a pas grand-chose à voir, mais je n'ai aucune objection. Par ici, je vous prie.

Il les précéda par la porte au fond de la pièce, qui

---

1. Beignets qu'on trempe dans une sauce de soja avec du radis râpé.

ouvrait sur un espace trop exigu pour mériter le nom de couloir, mais suffisant pour laisser la place à un escalier en bois, aussi raide qu'une échelle de navire. Wilson le contourna et leur montra une minuscule mais impeccable cuisine, équipée d'un évier, d'une bouilloire électrique, d'une étagère avec quelques bocaux et casseroles, et d'un étroit placard mural pourvu de portes en verre coulissantes derrière lesquelles était exposée une petite collection de faïences. Restait la place pour une modeste table qui n'offrait qu'un plan de travail limité, encombrée qu'elle était par une plaque électrique à deux feux et un réfrigérateur miniature, ainsi qu'un paquet de sucre, un pot de confiture, un pain enveloppé d'un torchon et une grande boîte de jus d'orange au couvercle percé de deux trous.

— Nous ne... enfin je ne fais pas beaucoup de cuisine, commenta inutilement Wilson qui ajouta : Ce n'est pas très appétissant, avec les toilettes juste derrière cette porte.

Otani y jeta un coup d'œil. Au moins était-ce un vrai W-C, avec cuvette et chasse d'eau, et d'une propreté immaculée, mais il se demanda comment un homme aussi grand que Wilson pouvait s'y bouger.

— Il n'y a malheureusement pas de salle de bains, mais nous avons un bain public tout près d'ici, poursuivit Wilson. Ainsi qu'une blanchisserie.

Il sortit à reculons de la cuisine et posa le pied sur la première marche de l'escalier à pic.

— Je passe le premier. Faites attention, c'est très raide.

L'avertissement n'était pas superflu, d'autant qu'il n'y avait pas de rampe. Otani dut se débarrasser de ses chaussons et grimper en crabe pour garder son équilibre. Higashida l'imita. L'étage de la maison consistait en deux chambres placées de part et d'autre de l'étroit palier en haut de l'escalier. Wilson avait ouvert la porte coulissante de celle située au-dessus de la cuisine et attendait les deux policiers à l'intérieur.

— C'est ici que je dors, déclara-t-il. Le... l'autre chambre est un peu plus grande. Elle aussi est meublée à l'occidentale, comme toute la maison.

Ayant ôté ses chaussons pour grimper l'escalier, Otani, malgré ses socquettes, eut froid aux pieds lorsqu'il les posa sur le bois nu du parquet, mais songea en même temps que cette sensation s'accordait bien à une chambre aussi spartiate et dépourvue de confort. Elle ne comportait en effet qu'un étroit sommier métallique qui semblait provenir de quelque institution, surmonté d'un mince matelas aux draps et couverture soigneusement bordés. Le reste du mobilier était constitué d'une penderie rudimentaire et, contre le mur faisant face au lit, d'un petit bureau avec une chaise à dossier droit. Sur le bureau, Otani aperçut un plumier en plastique contenant quelques stylos et crayons, un journal et trois épais volumes qu'il supposa être des dictionnaires. A la tête du lit, une table de chevet avec une petite lampe, une pochette de mouchoirs en papier et un autre livre avec une couverture noire souple, probablement en imitation cuir. Un imperméable bleu marine était accroché à un des crochets fixés près de la porte, tandis qu'un téléviseur portable trônait sur une précaire étagère suspendue à deux clous, son cordon d'alimentation courant au sol pour aller rejoindre la seule prise de la chambre, près du lit, où était également branchée, grâce à une prise multiple, la lampe de chevet. Et, à part une petite descente de lit verte, c'était tout.

— Vous vivez très simplement, monsieur Wilson,

remarqua Otani. Presque comme un moine zen. Mais il est vrai, après tout, que vous êtes missionnaire.

Wilson restant silencieux, Otani songea qu'il l'avait peut-être offensé en faisant allusion à une autre religion.

— Pourrions-nous également voir la chambre de M. Kington, je vous prie ?

L'Américain persista dans son silence, mais Otani crut le voir ébaucher un imperceptible haussement d'épaules tandis que, d'un geste, il invitait les policiers à le précéder. Otani ouvrit lui-même la porte située de l'autre côté de l'escalier, et il resta un bon moment immobile avant de pénétrer lentement dans ce qui avait constitué le domaine de Craig Kington.

Le contraste était frappant. A part qu'elle bénéficiait de beaucoup plus de lumière du fait de sa situation en façade, la chambre de la victime était, comparée à la précédente, un antre de luxe. Ici, pas de sommier métallique, mais un matelas à ressorts provenant d'un lit occidental pour deux personnes, et posé à même le tapis qui recouvrait presque tout le plancher. On distinguait l'étiquette du matelas sous un amoncellement de coussins et d'édredons.

Un rayonnage formé de caisses en bois cachait la quasi-totalité d'un des murs. Des livres occupaient quelques-uns des alvéoles, des vêtements étaient entassés en désordre dans d'autres, à côté d'un tourne-disque, d'une radio et d'une paire de haut-parleurs. Le bureau était plus grand que celui de Wilson, et encombré de livres et de papiers. L'élément le plus frappant du décor était cependant un immense poster représentant une blonde opulente riant sur une plage ensoleillée, des paquets d'écume moussant sur ses cuisses dorées. Elle portait un bas de bikini et un T-shirt trempé qui moulait ses seins aux tétons dressés.

Il était impossible de ne pas voir cette image d'allégresse et de sexualité presque animales, et Otani l'étudia un moment avant de se retourner vers les deux hommes. Higashida, le regard détourné, semblait fasciné par le tourne-disque. Wilson était resté sur le seuil, une expression de dégoût sur le visage. Quand leurs regards se croisèrent, Otani s'adressa à lui.

— M. Wilson, êtes-vous entré dans cette chambre depuis... l'accident ?

— Je n'y suis jamais entré.

D'après son expression et le ton de sa voix, Otani comprit, aussi extraordinaire que cela lui paraisse, qu'il disait la vérité. L'inspecteur prit une subite décision.

— Nous allons devoir examiner le contenu de cette chambre, qui pourrait renfermer des éléments intéressant notre enquête. Les biens personnels de M. Kington seront naturellement remis aux autorités consulaires américaines au moment approprié, mais je propose que lorsque l'officier qui m'accompagne et moi-même serons sortis d'ici, nous scellions la pièce. Vous pourrez sans doute me donner un ruban de papier ou quelque chose de similaire ?

— C'est possible, bien sûr, mais je n'en vois pas très bien l'intérêt. Pour rien au monde je n'entrerais dans cette chambre.

— Je vous crois, mais ce n'est pas le seul aspect de la question. Agent Higashida, je vous demanderai de rester ici quelques instants. Pouvons-nous redescendre pour parler en tête à tête, monsieur Wilson ?

Sans un mot, Wilson se retourna et entreprit la descente de l'escalier, suivi d'Otani. Une fois au salon, Otani s'installa sur une des chaises disposées autour de la table et fit signe à Wilson de s'asseoir en face de lui.

Pendant un bref instant, les deux hommes se regardèrent en silence avant qu'Otani ne pose sa question.

— Monsieur Wilson, détestiez-vous Craig Kington au point de le tuer ?

Chapitre 9

Otani s'essuya le front, replia soigneusement la serviette et la reposa en équilibre sur le sommet de son crâne avant de s'immerger une nouvelle fois. Collée contre le mur, d'où l'eau jaillissait d'une sorte de gargouille en pierre sculptée, la baignoire en demi-cercle était tapissée de carreaux bleu paon, ce qui conférait à l'eau une teinte de lagon tropical. Elle mesurait environ trois mètres de long sur plus de deux mètres à l'endroit le plus large, et lorsque Otani se mettait debout, l'eau lui arrivait à la poitrine. Sur le flanc opposé au mur était ménagée une sorte de marche où deux personnes pouvaient s'asseoir à l'aise. Otani l'occupait seul, immergé jusqu'au menton et réfléchissant aux événements de la journée, qui avaient culminé avec la visite chez Wilson.

Lorsqu'il avait interrogé l'Américain, il ne s'attendait certes pas à des aveux complets, mais il espérait le prendre suffisamment à contrepied pour provoquer chez lui un lapsus ou toute autre révélation involontaire qui, à défaut de l'incriminer, aurait pu fournir une piste jusqu'alors inexplorée. Mais le plus remarquable, se dit-il en sentant l'eau chaude le détendre et ordonner le cours turbulent de ses pensées et impressions, avait été de constater que même lorsqu'il avait cédé à la colère et à l'emportement, Wilson n'avait en rien perdu sa maîtrise du japonais.

L'Américain avait dû comprendre qu'après ce qu'il avait dit sur le seuil de la chambre de Kington, il était inutile de dissimuler plus longtemps la violente aversion qu'il éprouvait envers son compagnon. Il aurait certes pu l'atténuer, la présenter comme une simple incompatibilité d'humeur entre un homme aux principes religieux fortement ancrés et aux habitudes personnelles d'une grande austérité, et son collègue qui, au vu de l'environnement qu'il s'était construit, avait dû être quelqu'un de négligé, laissant libre cours à ses instincts physiques et peu préoccupé par sa mission. Wilson aurait très bien pu expliquer que, du fait que Kington et lui n'avaient pas choisi de partir ensemble mais qu'on les avait envoyés vivre et travailler dans une région isolée où ils étaient les deux seuls Occidentaux, ils avaient dû, dans leur intérêt à tous deux, s'entendre pour ne pas se voir en dehors de leur travail, autant qu'il était possible en habitant dans la même maison.

Il ne le fit pas. Ce fut comme si, après avoir fait un gros effort pour parler de Craig Kington en termes neutres quand Higashida et Otani étaient arrivés, il avait accueilli avec soulagement l'occasion de parler en toute franchise. Il admit sans difficulté qu'il avait détesté Kington dès le premier instant, qu'il s'était plaint de lui au siège tokyoïte de l'Église des Saints du Dernier Jour et qu'il avait demandé plusieurs fois à ses supérieurs à être assigné dans une autre région. Lorsque sa langue fut vraiment déliée, il décrivit Kington comme un impie et une âme damnée répandant l'œuvre du Diable.

Wilson accusait Kington d'avoir été un débauché insatiable, un tartufe, un blasphémateur, un pervers, un communiste infiltré, un traître aux enseignements de son Église, un vaurien qui se vantait de boire de l'alcool, se moquait de la famille et méprisait le mode de vie américain. Wilson avait encore accusé Kington d'une quantité d'autres péchés, mais Otani avait oublié certains d'entre eux, et n'avait jamais entendu parler de certains autres. Il se souvenait très distinctement des yeux bruns vitreux de Wilson, semblables à des fenêtres ouvrant sur le vide, et des bulles de salive qui s'étaient accumulées aux coins de ses lèvres exsangues tout au long de sa diatribe.

— Vous aviez donc de bonnes raisons de le tuer ?

En entendant la question d'Otani, Wilson avait cligné des yeux et secoué la tête comme quelqu'un qui reprend ses esprits, puis avait répondu sur un ton qui ressemblait plus à sa voix normale.

— Je désirais sa mort. Je suis heureux qu'il soit mort. Mais je ne l'ai pas tué.

Otani l'avait laissé seul à la table et avait rejoint Higashida en haut, où ils avaient trié les affaires de Kington, remettant en même temps un peu d'ordre dans la chambre. Afin de pouvoir les étudier à loisir, ils avaient rassemblé dans un fourre-tout les papiers qui traînaient sur le bureau et dans les deux tiroirs. Ils ne trouvèrent rien d'intéressant parmi les livres et les vêtements, et lorsqu'ils en eurent terminé, Otani ne vit plus guère la nécessité d'apposer des scellés.

Ce n'est qu'à la toute dernière minute, alors qu'Higashida, qui portait le fourre-tout, descendait déjà l'escalier, qu'Otani fit une découverte déterminante, et ce, non dans la chambre de Kington, mais dans celle de Wilson. Il ignorait ce qui l'avait poussé à y jeter un dernier coup d'œil, mais se félicita de cette subite inspiration. Il s'agissait en effet d'une petite statue de renard en céramique, qu'Otani trouva dans la penderie branlante, glissée dans une chaussure en toile. Il la saisit délicatement avec un mouchoir pour la sortir de la chaussure et la glisser dans sa poche.

— *Gomen kudasai ! Ojama itashimasu !*

Plongé dans ses pensées, Otani entendit soudain le bruit de la porte de la salle de bains qui coulissait, accompagné d'un joyeux mélange de salutations et d'excuses. Il en fut si surpris qu'il sursauta et faillit glisser du rebord où il était assis. Se ressaisissant, il marmonna un « Entrez, je vous en prie », puis tourna la tête vers la porte et tenta de percer les nuages de vapeur. Mais il détourna vivement le regard, attrapa la serviette posée sur son crâne et y enfouit son visage pour dissimuler son embarras.

Sumoto était après tout une authentique station thermale, et il existait encore à l'époque, dans ce genre de ville, un certain nombre d'auberges où hommes, femmes et enfants prenaient leur bain ensemble. Otani lui-même s'était ainsi plongé dans de vastes baignoires non seulement en compagnie d'Hanae, mais également d'autres couples, avec qui on bavardait sans arrière-pensée après avoir procédé aux présentations. C'était une vieille tradition qui, malheureusement, disparaissait très vite.

Pourtant, il ne se souvenait pas avoir jamais partagé une baignoire avec un membre du personnel d'une de ces auberges. Mais il fallait bien un commencement à tout, et il n'y avait par ailleurs aucune raison pour qu'en cette fin d'après-midi Mme Suekawa ne puisse, comme presque tous les citoyens nippons, prendre un bain. De toute évidence, elle ne voyait là rien d'extraordinaire. Otani lui tourna résolument le dos, mais il ne put éviter de l'entendre déplacer un tabouret de bois sur le carrelage, emplir un bol en plastique à l'un des robinets placés au bas du mur et se le verser sur le corps, l'eau s'enfuyant en gargouillant dans une des grilles d'évacuation. Puis il l'entendit remplir le bol, tremper puis essorer sa serviette, reconnut le bruit de la serviette pleine de savon frottée sur la peau nue, et enfin l'éclaboussement d'un nouveau rinçage.

Pendant les deux ou trois minutes que durèrent ces préliminaires, Mme Suekawa ne cessa, sur un ton amical, de formuler des courtoisies, se réjouissant du beau temps qu'il faisait pour la saison, s'inquiétant de ce que l'inspecteur devait être épuisé après sa longue journée, se désolant de n'avoir eu qu'un si médiocre petit déjeuner à lui offrir, mais espérant qu'il apprécierait son dîner autant que la veille. Otani s'efforça de répondre par les banalités d'usage tout en réfléchissant au moyen de s'extirper d'une situation que, malgré tous ses efforts de rationalisation, il trouvait fort embarrassante.

Puis elle fut sur lui. Presque littéralement, puisqu'elle posa une première, puis sa seconde cuisse sur le rebord où il était assis, avant de se plonger dans le bain. D'un geste pudique, elle maintint une petite serviette devant son pubis jusqu'à ce qu'il soit immergé, puis posa le linge sur le bord de la baignoire. Elle entoura ensuite ses cheveux d'une serviette sèche. Sauf ce tissu, elle était aussi nue qu'Otani, à qui elle souriait d'un air tout ce qu'il y a d'amical.

— Oouh ! fit-elle. Pour moi, c'est le meilleur moment de la journée, vous ne trouvez pas ?

— C'est vrai, il n'y a rien de tel qu'un bon bain, n'est-ce pas ?

Otani eut conscience de la stupidité de sa réplique, mais trouva quelque réconfort à constater qu'il était capable d'articuler plusieurs mots de suite dans de telles circonstances, d'autant qu'après s'être immergée jusqu'au menton et être restée quelques secondes dans cette position, Mme Suekawa se remit debout, lui faisant face à moins d'un mètre. Elle était plus petite qu'Otani de quelques centimètres, et les remous de l'eau sous ses aisselles soulevaient les globes de son appétissante poitrine tandis que la silhouette pâle et imprécise de son corps miroitait sous les vaguelettes. Etsuko Suekawa devait avoir une vingtaine d'années de plus que la pin-up en bikini de Craig Kington, mais, aux yeux d'Otani, cette dernière ne pouvait en rien soutenir la comparaison. Tout comme Hanae, qui d'année en année devenait un peu plus douce, un peu plus ronde et un peu plus attirante, la femme nue qui se tenait si près de lui était *onnazakari*, c'est-à-dire en plein épanouissement physique, avec les yeux brillants de désir et d'expérience.

— Quand j'étais petite, mon père possédait une boutique de saké à Akashi. Les affaires marchaient bien et nous avions notre propre salle de bains. Peu de familles pouvaient s'offrir ce luxe à cette époque, et j'adorais rester chaque soir assise dans l'eau aussi longtemps que je voulais, après que Père et Mère avaient pris leur bain. La salle de bains était installée juste à côté de l'entrepôt, derrière la maison, et la vapeur sentait toujours un peu le saké.

Elle sourit à l'évocation de ce souvenir.

— Je crois bien que de temps en temps j'en ressortais un peu groggy. Plus tard, pendant la guerre, il est devenu difficile de trouver du bois pour chauffer l'eau... Et puis en 1945, la maison a brûlé au cours du raid incendiaire où mon pauvre père a trouvé la mort.

Elle leva les bras d'un geste gracieux pour arranger la serviette qui protégeait ses cheveux, mais aussi, Otani en fut persuadé, pour lui offrir la vision de ses tétons ruisselants qui pointèrent à la surface.

— C'était une époque difficile. Vous vous êtes donc retrouvée sans maison ?

— Oui, mais pendant peu de temps, car ma mère a trouvé un emploi dans une usine d'Himeji qui comportait un dortoir, et moi on m'a envoyée ici à Awaji, où j'ai vécu avec sa cousine et son mari. Ils pensaient que le Japon allait être envahi par les Américains, et que je serais plus en sécurité à la campagne que dans une grande ville. Ils m'ont donc hébergée, se sont occupés de moi et, plus tard, en 1947, ont arrangé mon mariage.

— Vraiment ? Et ces parents sont toujours ici à Sumoto ?

— Elle est morte il y a quelques années. Mais lui, il est toujours en vie. Il n'habite pas très loin. C'est un avocat du nom de Tadao Mori.

Encore une nouvelle que le cerveau fatigué d'Otani dut assimiler. Il ferma les yeux une seconde en soupirant. Lorsqu'il les rouvrit, Mme Suekawa avait repris sa place à côté de lui sur le rebord et lui massait le cou et les épaules avec des mains fermes et expertes.

— Pauvre inspecteur, murmura-t-elle. Vous devez être épuisé. On dirait même que vous avez mal à la tête. Voyons si je peux arranger ça.

Une partie de l'esprit d'Otani comprenait qu'elle se jouait de lui ; que c'est de manière délibérée qu'elle pressait sa cuisse contre la sienne et lui effleurait le dos de ses seins. Le seul ennui, c'est que c'était absolument délicieux et que cette femme impudique massait à merveille. Une divine langueur remplaça sa fatigue. Il aurait voulu que cela ne s'arrête jamais.

Puis il sentit peu à peu les mains de l'aubergiste s'aventurer plus bas, et une sirène d'alarme retentit enfin dans son esprit. Il comprit qu'il deviendrait très vite impossible de respecter le semblant de formalité sociale qui subsistait entre eux. Le sentiment d'un certain ridicule se fraya également un chemin vers sa conscience. Il réalisa qu'il risquait de succomber à une meurtrière nue, situation dans laquelle ni Hercule Poirot ni Nero Wolfe n'auraient voulu se retrouver.

— Merci beaucoup, coassa-t-il en se soustrayant aux doigts insistants et en se retirant, mi-nageant mi-sautillant, à distance respectable. C'était très agréable.

Etsuko Suekawa se redressa sur le rebord et le regarda avec une expression entre la moue de déception et le sourire entendu. Elle rétrécit les yeux d'un air languide et, avant de répondre, fit courir le bout de sa langue sur ses lèvres.

— Tant mieux. Si vous désirez un massage complet avant de dormir, ce sera avec plaisir que j'irai vous en faire un dans votre chambre.

Le seul moyen de sortir du bain était de grimper sur le rebord où elle était assise. Tout en s'en approchant, sa serviette à présent maintenue d'une main ferme sur ses parties génitales, Otani songea avec panique qu'elle allait lui sauter dessus dès qu'il serait à portée de main. Mais elle se contenta de se pousser pour le laisser passer et, au grand soulagement d'Otani, garda le dos tourné pendant qu'il s'essuyait, essorant plusieurs fois la petite serviette. Lorsque sa peau, sans être sèche, fut simplement humide, et sachant par expérience qu'il ne pouvait espérer plus, il ouvrit la porte donnant sur le vestiaire où l'attendait son yukata.

— Bon, eh bien, je... euh... j'y vais, fit-il d'une voix faible en refermant la porte sur les clapotis.

Chapitre 10

— Non, pas vraiment. Le problème, c'est qu'elle refuse d'en discuter. Tu sais qu'Aki-chan a toujours été... disons, renfermée, depuis qu'elle est toute petite. Mais ces derniers temps elle est vraiment *renfrognée*.

La communication avec Rokko n'était pas très bonne, mais Otani perçut la tristesse dans la voix d'Hanae.

— C'est vrai, je l'ai remarqué, moi aussi. En tout cas quand elle ne me balance pas ses théories maoïstes à la figure. Mais, tu sais, de nos jours il est presque impossible de tomber sur un étudiant qui *ne se dise pas* extrémiste. Alors ne dramatisons pas. Espérons que ça ne durera qu'un temps et qu'elle ne s'attirera pas d'ennuis sérieux. A-t-elle affiché de nouveaux posters dans sa chambre ? A part ceux de Che Guevara et de l'autre barbu, je veux dire ? Non ? Eh bien, c'est déjà bon signe.

— Oui, je l'espère. J'ai été à mon cours de cuisine à Kobe aujourd'hui, et nous avons parlé de ce problème. Il y a plusieurs femmes là-bas qui ont des enfants à peu près de l'âge d'Aki-chan, et elles se font autant de souci que nous. A propos, est-ce que tu penses que tu aimerais le cassoulet ? C'est un plat français, une sorte de *nabe* très épais, avec des haricots, des morceaux de porc, de canard et des saucisses épicées. Je pense que je trouverais les saucisses au Delicatessen de Kobe. Ah oui, autre chose. C'est un plat très consistant.

— Ça m'a l'air pas mal, fit Otani d'un ton dubitatif.

— D'où appelles-tu, au fait ?

— De la gare routière. C'est presque désert le soir, et l'on peut téléphoner beaucoup plus tranquillement que de l'auberge.

— J'espère qu'ils te soignent bien là-bas.

La vision de la nudité opulente d'Etsuko Suekawa et de son sourire provocant dans la baignoire flotta dans l'esprit d'Otani, et il dut s'éclaircir la gorge avant de répondre.

— Oui, oui. Tout va bien. Je n'aime pas beaucoup le propriétaire, mais je dois reconnaître que c'est un excellent cuisinier. Quant à sa femme, elle se met... hum... en quatre pour m'être agréable. Il y a aussi une servante qui me fait penser à Akiko. Elle doit avoir deux ans de plus qu'elle, dans les vingt ans, à mon avis. Elle aussi a des opinions d'extrême gauche, et elle ne cherche pas à les dissimuler. Bizarre qu'une fille comme elle accepte de travailler comme servante dans une auberge. En tout cas, elle a l'air d'avoir un cœur en or. Elle m'a volé dans les plumes quand je suis arrivé mais, à présent, elle a l'air de vouloir m'aider. Il se trouve qu'elle a un faible pour le jeune agent qu'on m'a adjoint, et que c'est réciproque. C'est une curieuse situation.

— Peut-être qu'Aki-chan s'entichera d'un policier, qui sait ? Ça n'a rien de désagréable, si je dois en croire mon expérience.

— C'est gentil à toi, Ha-chan. Tu me manques, tu sais.

— Toi aussi tu me manques. Es-tu sorti après ton dîner juste pour m'appeler ?

— Oui. Et aussi pour faire un petit tour et boire un

verre. J'ai eu une journée très chargée. J'avoue que j'ai profité de l'occasion pour appeler un collègue qui s'occupe aussi de cette affaire. Il effectue quelques recherches pour moi.

Hanae savait qu'il était inutile de poser à son mari des questions directes sur son travail.

— Tout ce que je peux dire, c'est que j'espère que tu vas éclaircir tout ça très vite et rentrer à la maison. Peut-être que tu auras des nouvelles de ton nouveau poste.

Ils savaient tous deux que le travail d'Otani à la tête du département des enquêtes criminelles de la préfecture de Hyogo appartiendrait bientôt au passé.

— Bah, *que será, será.*

Otani était également un fan de Doris Day, et il avait depuis quelque temps pris l'habitude de citer cette expression tirée d'un de ses plus grands succès.

— Mais dis-moi, est-ce qu'Akiko est là ?

Il glissa quelques pièces dans l'appareil. Il s'était constitué une réserve de monnaie et avait choisi une cabine rouge car elles acceptaient aussi bien les pièces de cent yens que les pièces de dix.

— Non, pas ce soir. Elle est encore allée à une de ses interminables réunions. Mais à mon avis elle rentrera avant 10 heures. Elle a peut-être des côtés difficiles, mais elle est très raisonnable là-dessus.

— C'est vrai. Ha-chan, est-ce que tu te souviens de cette gravure d'Hiroshige que Père aimait regarder de temps à autre ? *Flammes de renards*, je crois que ça s'appelait.

— Oui, bien sûr, elle me donnait la chair de poule. Nous l'avons toujours, bien sûr, dans la niche où nous avons gardé ses affaires. Pourquoi cette question ?

— Tous ces renards rassemblés autour d'un arbre, non loin d'un village, et d'autres encore dans le lointain.

Je me souviens qu'ils dégageaient une sorte de phosphorescence. Mais je n'arrive pas à me souvenir de la signification de ce dessin.

— Les « flammes de renards » ? Ne s'agit-il pas de ces feux follets qu'ils produisent pour égarer les voyageurs ? Je n'ai jamais aimé ces histoires de renards qui induisent les hommes en erreur, même celles censées être drôles. Elles ont toutes quelque chose d'effrayant.

— Égarer les voyageurs. C'est assez approprié.

— Est-ce que ça va, chéri ? Tu me sembles triste et un peu bizarre.

— Non, ça va très bien. Je réfléchissais, c'est tout. Les renards peuvent faire des tas de choses, n'est-ce pas ? Hypnotiser les gens. Se déguiser en prêtre voyageur, ce genre de truc.

— En prêtre, oui, et en bûcheron, et en n'importe quoi, mais surtout en femme. Dans la plupart de ces histoires, un renard sorcier prend la forme d'une jolie femme qui séduit un pauvre homme. Et puis au bout d'un certain temps, elle disparaît et le malheureux s'aperçoit qu'elle est partie avec ses biens les plus précieux, ou alors qu'elle a changé ses économies en herbe ou autre chose qui n'a pas de valeur.

— C'est vrai. Merci de me le rappeler. Drôles de créatures, ces renards. Très trompeurs.

— Tu me parais vraiment bizarre. Tu es sûr que tu te sens bien ?

— Oui, oui. Un peu fatigué, peut-être. Et puis le coin est étrange. Je rentrerais volontiers à la maison, mais ce ne sera pas possible avant plusieurs jours, à mon avis. Bon, eh bien, je crois que nous allons nous dire au revoir.

— Tu sais ce que tu devrais faire ? fit Hanae d'une voix inquiète.

— Non, quoi ?

— Quand tu rentreras à l'auberge, demande-leur de faire venir un *anma-san* pour te faire un massage. Ils en ont toujours un sous la main. Ça te détendra, tu te sentiras mieux et ça t'aidera à bien dormir. Tu ne dois pas te surmener, tu le sais.

— Écoute, je ne crois pas que...

— Si, si, j'insiste ! Tu me fais faire du souci. Rentre tout de suite et fais-toi masser. Et la prochaine fois que tu m'appelleras, tu me diras si ça ne t'a pas fait du bien. Bonne nuit, mon chéri.

Otani raccrocha et récupéra les pièces non utilisées qui dégringolèrent en cliquetant dans le réceptacle au bas de l'appareil. Il se sentit réconforté par sa conversation avec Hanae, bien qu'à la réflexion il se dise qu'il aurait dû éviter d'aborder le sujet des renards ensorcelés. De même l'insistance qu'elle avait mise à lui conseiller de se faire masser avant d'aller au lit avait été à deux doigts de l'alarmer. Il était exact que pratiquement tous les hôtels et auberges du Japon possédaient le numéro de téléphone d'un cabinet de massage, à qui l'on pouvait faire appel en quelques minutes, et il était courant que des clients, aussi bien hommes que femmes, demandent à se faire masser dans l'intimité de leur chambre.

L'anma-san traditionnel est en général un vieillard ou une vieille femme, aveugle, habile à détecter et détendre muscles contractés et articulations douloureuses, souvent capable d'apaiser ou de faire disparaître une migraine, et en tout cas de vous mettre dans un état d'apaisement langoureux. Les anma traditionnels pratiquent un très ancien et très respectable métier, évitant scrupuleusement les zones interdites du corps du patient, lesquelles restent pudiquement couvertes par le yukata. Ils n'ont donc rien à voir avec les jeunes filles en short et corsage moulants qui prennent en main la clientèle exclusivement masculine des bains turcs situés dans les quartiers chauds des grandes villes, et qui proposent un éventail de services sexuels dûment tarifés.

Sauf qu'après les manipulations auxquelles s'était livrée Mme Suekawa dans la baignoire, il n'avait plus besoin de massage et que, de toute façon, s'il en avait demandé un, elle l'aurait sans aucun doute interprété comme une acceptation de ses avances, et se serait aussitôt proposée. Il ne lui restait donc qu'à espérer qu'Hanae oublierait de lui demander s'il avait suivi ses conseils. Si elle le faisait, il lui assurerait que c'était le cas, bien qu'il soit douteux qu'elle y croie. Elle était douée d'une mystérieuse capacité à le percer à jour lorsqu'il essayait de lui raconter de petits mensonges.

Il était un peu plus de 21 heures et la fraîcheur de la soirée contrastait avec la douceur de l'air qui avait régné dans la journée. Otani s'engagea d'un pas vif en direction du Tokiwa avant de réaliser que le sanctuaire Inari était pratiquement sur son chemin. Il songea brièvement à rendre visite à Mme Horiuchi, puisqu'il avait à présent eu des nouvelles de son collègue d'Akashi, lequel lui avait appris que la filature du prêtre n'avait pas été inutile. Et puis le petit garçon serait probablement au lit à cette heure-ci. Mais il n'y avait rien de sûr. On ne savait plus à quoi s'attendre, à présent. De plus, il n'était guère convenable pour un homme de rendre visite à une femme mariée si tard le soir en sachant que son mari était absent. Non, mieux valait s'en tenir à ce qu'ils avaient prévu avec Higashida, à savoir qu'ils iraient ensemble chez Horiuchi le lendemain matin.

Lorsqu'il atteignit le sanctuaire, il passa sous le haut torii, traversa le terrain extérieur et s'arrêta devant les quelques marches de pierre marquant la limite de l'enceinte intérieure. La nuit, le distributeur de boissons et les divers panneaux et banderoles qui enlaidissaient les abords de l'école maternelle étaient pratiquement invisibles, et le complexe dans son ensemble n'avait pas cet aspect de prospérité insolente que lui avait trouvé Otani lorsqu'il l'avait découvert un peu moins de douze heures auparavant.

Au moment où il s'apprêtait à gravir les marches, la lune presque pleine émergea au-dessus des arbres sur sa droite. Otani, qui ne s'était jamais considéré comme un homme superstitieux, avait les nerfs solides. Pourtant, un violent *frisson* le parcourut lorsque les deux statues de renard gardant le sanctuaire furent soudain illuminées par les rayons de la lune. Il s'exhorta à ne pas se conduire comme un imbécile. Ces histoires de renards commençaient à devenir ridicules. Ces deux statues n'étaient que des blocs de pierre taillés, sans doute offerts au temple par quelque marchand prospère, jeune ambitieux ou vieil homme d'affaires, pour asseoir sa réputation dans la région. A bien y regarder, les statues n'étaient même pas bien exécutées, même en tenant compte des intempéries qui les avaient dégradées au cours des décennies.

Décidé à ne pas laisser vagabonder son imagination, Otani gravit les marches de pierre et examina de près les deux statues. Les corps et les queues, droites et touffues, étaient à peu près identiques, mais comme il était courant, le mâle était représenté gueule ouverte, dents visibles, comme pour grogner ou japper. Il s'agissait en tout cas d'une expression hostile, et Otani lui adressa une

1. En français dans le texte.

grimace, ce qui lui procura une curieuse satisfaction, avant de se consacrer à l'examen de sa compagne.

La gueule de la femelle était fermée, ce qui lui conférait une expression à la fois plus paisible et plus grave. Le sculpteur avait fait là un meilleur travail, rendant un effet plus... Il trébucha soudain en arrière, le cœur cognant dans la poitrine, le corps moite de sueur en dépit de la fraîcheur de l'air. La foutue bestiole venait de lui *sourire*. C'était impossible, tout à fait insensé ! Et pourtant elle lui avait *souri* et elle était *toujours* en train de lui sourire. Otani secoua vigoureusement la tête, cligna plusieurs fois des yeux et se frotta les paupières, puis tira un mouchoir de sa poche pour essuyer les larmes qu'il avait ainsi provoquées. Mais ses yeux étaient encore tout humides, et c'est avec une vision floue qu'il se força à examiner une nouvelle fois la statue de la femelle.

Il resta immobile un très long moment, parcouru de frissons incontrôlables, tentant par un effort de volonté d'effacer le sourire lascif et rusé de la renarde de pierre, essayant de se convaincre qu'il s'agissait d'un effet d'optique provoqué par les rayons de lune, se disant qu'il était épuisé, qu'il ferait mieux de faire demi-tour et de rentrer. Et pendant tout ce temps, la voix d'Hanae lui résonnait dans le crâne, répétant ce qu'elle lui avait dit au téléphone... « Les renards sorciers prennent souvent la forme d'une jolie femme qui séduit le solitaire... un massage te fera le plus grand bien... tu dormiras mieux... j'insiste... »

Il était plus de 22 heures quand Otani regagna le Tokiwa. Il était ivre, car après s'être arraché à la contemplation des statues du sanctuaire, il avait trouvé un petit bar dans une ruelle et y avait bu coup sur coup quatre, peut-être même cinq verres de whisky Suntory allongé d'eau. Son ivresse lui procurait paradoxalement le sentiment d'être redevenu normal. Approchant de la porte de l'auberge, il espéra tout d'abord qu'elle ne serait pas verrouillée, ensuite qu'il pourrait monter dans sa chambre sans rencontrer de membre de la tribu Suekawa, et enfin que si quelqu'un l'avait attendu avant de fermer l'auberge pour la nuit, ce serait le visqueux propriétaire ou même sa vieille folle de mère. Mais surtout pas Etsuko.

— *Okaeri nasai !* s'exclama cette dernière tandis qu'il se glissait furtivement à l'intérieur après avoir fait coulisser sans bruit la porte. Soyez le bienvenu ! Quelle idée de sortir par un froid pareil sans pardessus ! Vous devez être gelé.

Elle renifla puis lui agita son index sous le nez d'un air malicieux.

— Hé ! hé ! Mais je vois qu'on a pris un petit remontant pour se réchauffer, n'est-ce pas ? Remarquez bien que ce n'est pas moi qui vous blâmerais. Mon mari va au café tous les soirs et ne rentre jamais avant une ou deux heures du matin.

Oscillant légèrement sur ses talons, Otani la considéra avec soulagement. Dans son simple yukata, elle avait l'air d'une femme aussi honnête et inoffensive que possible. Toutes ces histoires n'étaient que le produit de son imagination. Elle ne ressemblait pas du tout à la renarde du sanctuaire, et si elle était une meurtrière, alors lui, Otani... hum... était... un renard ensorcelé. C'était une femme simple et bonne qui, ayant le malheur d'être l'épouse d'un minable qu'elle n'avait pas choisi, faisait de son mieux pour faire tourner son auberge. N'était-ce pas une attention délicate que d'attendre un client jusqu'à cette heure-ci ? Il n'avait pas à se reprocher d'avoir bu quelques whiskies. Elle avait probablement l'habitude de voir rentrer des clients dans des états bien pires.

— Bonsoir, fit-il en parvenant à se déchausser sans se baisser.

Il apprécia son assistance pour gravir la marche, mais dégagea son bras aussitôt qu'il fut sur le tatami.

— Merci. Ça ira, maintenant. J'vais m'coucher. Pfft... quelle journée ! Bonne nuit.

Etsuko Suekawa le suivit à distance respectueuse et le regarda gravir péniblement l'escalier, fredonnant un petit air guilleret qu'elle reconnut car on le passait toute la journée à la radio. Ce qui doit arriver arrivera, ou quelque chose comme ça. Elle décida de lui laisser cinq minutes pour se mettre au lit, peut-être dix. Ensuite, ce qui arriverait arriverait.

Chapitre 11

C'était une matinée indéfinissable, avec un temps morne et gris, mais sec et pas vraiment froid. A part les allées et venues du côté de l'école maternelle, le terrain extérieur du sanctuaire était désert, et leurs chaussures faisaient crisser le gravier tandis qu'Otani entraînait son compagnon d'un pas alerte vers les marches de pierre. Lorsque les deux hommes ne furent plus qu'à quelques mètres des deux statues de renard, Otani stoppa net et les examina un long moment d'un air sévère. Puis il hocha la tête et se remit en marche.

— Si je puis me permettre, inspecteur... Avez-vous des nouvelles d'Akashi ?

Cherchant désespérément à établir un minimum de communication entre eux, Higashida avait parlé d'une voix hachée tout en suivant Otani en haut des marches donnant accès à l'enceinte intérieure. Otani n'avait pratiquement pas prononcé un mot depuis son arrivée au commissariat, tôt ce matin-là. Après avoir salué son assistant d'un ton bourru, il s'était enfermé dans son bureau provisoire pendant une vingtaine de minutes avec le matériel qu'ils avaient rapporté de la chambre de Craig Kington. Ensuite, serrant sous le bras un paquet enveloppé d'un furoshiki, il était sorti aussi brusquement qu'il était entré, faisant signe de le suivre à Higashida, qui l'attendait patiemment.

— Oui. J'ai parlé hier soir avec l'inspecteur d'Akashi. Vous apprendrez les détails de notre conversation plus tard, quand nous interrogerons le prêtre. A ce propos, je veux que deux hommes en uniforme l'interpellent à son débarquement du ferry d'Iwaya cet après-midi. Ou ce soir. Akashi nous fera savoir lequel il a pris. Il devra être conduit aussitôt au commissariat, de façon que nous puissions l'interroger avant qu'il n'ait vu sa femme. Si le poste de police d'Iwaya ne possède pas de voiture, il faudra leur en envoyer une d'ici. Horiuchi pourra naturellement conduire son propre véhicule. Pouvez-vous vous en occuper ?

— Bien sûr, inspecteur. Vous voulez dire que nous allons l'arrêter ? fit Higashida comme si cette idée l'enchantait.

— Non. Simplement l'inviter à coopérer avec nous. Au fait, je m'excuse d'avoir été un peu rude avec vous ce matin.

— Oh ! non, pas du tout, inspecteur. Vous... hum... vous vous sentez bien ?

— J'ai eu une nuit plutôt agitée. Il y a un pauvre chien qui vient aboyer toutes les nuits sous les fenêtres de l'auberge. Mais ça va mieux à présent, je vous remercie, à part un léger mal de tête.

Tandis qu'ils approchaient de l'enclos sur lequel était édifiée la maison du prêtre, le chien enchaîné se mit à lancer des aboiements furieux.

— Ne serait-ce pas celui-ci ? dut hurler Higashida par-dessus le vacarme. Il fait un raffut de tous les diables !

— Non. L'autre aboie très différemment...

La voix d'Otani, qui avait dû à son tour crier pour se

faire entendre, mourut lorsqu'il vit Mme Horiuchi apparaître sur le seuil et, d'un mot inaudible, calmer son chien. Les deux hommes remontèrent la petite allée et s'inclinèrent.

— Bonjour, messieurs. Entrez, je vous prie.

— Bonjour, madame.

Otani avait oublié qu'elle avait une voix magnifique.

— Je crois que vous avez déjà rencontré l'agent Higashida.

— Oui, très brièvement, il y a quelques jours. Bonjour, monsieur.

Naomi Horiuchi s'effaça pour les laisser entrer. Elle s'était préparée avec soin pour l'entrevue. Elle était soigneusement et même excessivement maquillée pour un début de matinée, ses cheveux coiffés à la perfection, et elle portait une splendide robe de laine bleue qui, même aux yeux inexperts d'Otani, paraissait coûter une fortune.

L'intérieur de la maison était tout aussi luxueux. Conçu dans le style traditionnel, on avait utilisé pour le décorer les plus beaux matériaux, et non les revêtements plastiques et imitations diverses si courants dans les constructions neuves. Seul l'authentique — et fort coûteux — bois d'*hinoki* avait cette merveilleuse teinte de miel et ce fini soyeux, et une fois dépouillé de son écorce et amoureusement poli à la main, un seul tronc de cyprès sur vingt pouvait fournir un si exquis chambranle d'alcôve.

L'odeur qui régnait était elle-même luxueuse. C'était celle de tatamis neufs de la meilleure qualité, d'une simplicité et d'une pureté admirables. Otani adorait cette odeur. Le fait qu'à la lumière du jour les renards de pierre lui soient apparus pour ce qu'ils étaient, à savoir de banales statues, et qu'il n'ait remarqué aucune expression particulière sur la gueule de la femelle, avait fait beaucoup pour chasser sa méchante humeur. L'odeur des tatamis neufs l'aida à se calmer tout à fait et à se placer dans l'état d'esprit convenant à la tâche difficile qui l'attendait.

— Votre maison est magnifique, madame, déclara-t-il avec sincérité lorsque Naomi Horiuchi réapparut.

Elle s'était absentée après les avoir fait asseoir sur des coussins de zabuton en brocart de soie devant une table basse au plateau de laque noire étincelant, et leur avait apporté du thé vert et des petits gâteaux à la pâte de fèves, enveloppés chacun dans du papier de riz, avant de se joindre à eux.

— Il ne doit pas être facile de la garder si propre avec un bambin de huit ans dans les parages.

— Vous êtes bien aimable, rétorqua-t-elle avec un sourire paisible, mais c'est une maison très ordinaire, et je peux vous assurer que la chambre de mon fils est beaucoup moins ordonnée que cette pièce. Il n'est pas autorisé à entrer ici seul, et même quand nous avons des invités, il est très rare que nous le laissions rester.

— Il doit être assez étrange de vivre en pleine ville dans une maison aussi isolée. Est-ce la raison pour laquelle vous possédez un chien ?

— Oh ! j'aurais dû m'excuser pour Hachiko. C'est mon mari qui l'a baptisé ainsi, du nom du grand homme. Vous savez, celui qui a sa statue en face de la gare Shibuya à Tokyo. Il ne peut s'empêcher d'aboyer dès qu'il sent quelqu'un qu'il ne connaît pas.

— Hachiko. Est-ce parce qu'il est aussi fidèle que l'était cet homme illustre ?

— Pas du tout !

Elle avait un rire aussi séduisant que sa voix.

— Mais pour répondre à votre première question,

non, pas vraiment. Le sanctuaire est très fréquenté, surtout les week-ends et jours fériés, et, contrairement à ce que vous pensez, je souhaiterais parfois pouvoir jouir d'une plus grande tranquillité. En tout cas, c'est très calme la nuit et, comme mon mari doit s'absenter fréquemment, nous avons pris Hachiko comme chien de garde. Accessoirement, il empêche les gens venus au temple de s'installer trop près de la maison.

— Je vois.

Il était temps d'en arriver à l'objet de leur visite, et Otani s'éclaircit la gorge avant de reprendre.

— Madame Horiuchi, lors de notre brève conversation hier matin, je vous ai demandé de bien vouloir effectuer une déposition officielle, et vous avez eu l'amabilité d'accepter.

— Je n'ai pas changé d'avis, fit-elle en inclinant la tête.

— Merci. J'aimerais donc que nous passions en revue les événements, après quoi nous rédigerons un résumé de vos réponses, que nous vous soumettrons. Il va sans dire que vous n'y apposerez votre sceau que si vous pensez que nous avons fidèlement reproduit vos propos.

— Entendu.

— Parfait. Commençons donc par le commencement. A quel moment vous êtes-vous aperçue qu'il s'était passé quelque chose d'inhabituel dans l'enceinte du sanctuaire ?

— Quand j'ai envoyé mon fils à l'école ce matin-là.

Elle se tourna vers Higashida, occupé à prendre des notes.

— Ce policier s'est approché et, invoquant un accident, nous a empêchés de passer. Je lui ai expliqué qu'accident ou pas mon fils devait se rendre à l'école, et il m'a aimablement proposé de lui faire traverser le périmètre bouclé.

— Et ensuite, vous êtes rentrée chez vous ?

— Oui. Mon mari, comme chaque matin, se préparait à aller au sanctuaire, et je l'ai aidé à passer son costume.

— Vous lui avez bien sûr parlé de ce que venait de vous dire l'agent Higashida ?

— Oui, mais comme il est toujours très préoccupé lorsqu'il s'apprête à accomplir les rites matinaux, il est possible qu'il n'ait même pas entendu ce que je lui disais.

— Quand avez-vous découvert la véritable nature de ce que l'agent avait jusque-là, et à juste titre, qualifié d'« accident » ?

— Vers midi, quand la directrice de l'école est venue me dire qu'il y avait eu un meurtre. Elle avait vu l'ambulance, les policiers qui allaient et venaient, et elle avait tout appris.

— *Tout ?* Voulez-vous dire qu'elle vous a également communiqué l'identité de la victime ?

— Non. Je ne l'ai apprise que plus tard.

— Par qui l'avez-vous apprise ?

Le temps d'hésitation qu'elle marqua avant de répondre fut si bref qu'il était difficilement perceptible, mais les antennes d'Otani ne manquèrent pas de le détecter.

— Je ne me souviens pas. Je dois avouer qu'après qu'elle fut partie — je parle de la directrice — je suis restée un long moment au téléphone à parler avec plusieurs amis et connaissances, et tous m'ont rapporté des tas de rumeurs et d'hypothèses. Toute la ville avait l'air d'être au courant, et deux ou trois de ces personnes m'ont dit qu'il s'agissait d'un des professeurs étrangers. Mais comme je vous ai dit, je ne me souviens plus qui a mentionné son nom pour la première fois.

— Le nom de Craig Kington ?

— Oui.

— Madame Horiuchi, pardonnez-moi de vous parler avec franchise, mais vous ne paraissez pas très affectée par toute cette affaire.

— Devrais-je l'être ?

— Ce n'est pas à moi de le dire. Mais considérons les choses sous un autre angle. Je ne connais pas grand-chose au shintoïsme, mais je suppose que votre mari, en tout cas, a dû être bouleversé qu'un homme soit tué dans l'enceinte du temple, tout près du sanctuaire.

— Il vous le dira mieux que moi quand il rentrera, mais je peux vous dire qu'effectivement il a été très troublé. Il m'a expliqué par la suite qu'il avait procédé à des cérémonies de purification très compliquées qui lui avaient pris beaucoup de temps.

— Je n'en doute pas. Mais à part téléphoner à vos amis quand vous avez appris la nouvelle, vous n'avez pas été plus affectée que ça par le fait qu'un homme se soit fait tuer pratiquement devant votre porte ?

— Eh bien, ce n'est jamais une chose très agréable, n'est-ce pas ? Inutile de s'étendre là-dessus. Mais je ne vois vraiment pas en quoi cela doit ou aurait dû me concerner personnellement.

— Bien, dans ce cas, laissez-moi vous poser une autre question. Avez-vous la moindre idée de qui a pu tuer Craig Kington ?

— Pas la moindre. A part qu'il vivait à Sumoto depuis quelques mois avec un autre Américain, je ne savais absolument rien de lui.

Otani se gratta le crâne sans dissimuler son étonnement.

— Il vous donnait pourtant des cours de conversation anglaise, non ?

— Moi ? Des cours de conversation anglaise ? Quelle idée extravagante ! Qui donc vous a dit ça ?

— Son collègue, M. Wilson. N'est-ce pas, agent Higashida ?

— C'est exact, inspecteur. Du moins le nom de Mme Horiuchi figure-t-il sur la liste des élèves de M. Kington que M. Wilson nous a fournie.

Naomi Horiuchi regarda Higashida avec l'air dégoûté qu'elle aurait eu en voyant un chat lui apporter une souris crevée, puis se tourna vers Otani d'un air à peine moins hautain.

— Je n'ai rien entendu de plus ridicule de toute ma vie. Il doit y avoir malentendu. Il s'agit peut-être d'une autre Mme Horiuchi. C'est un nom assez répandu.

— Je ne manquerai pas de vous exprimer nos excuses s'il y a eu confusion. Nous vérifierons. En attendant, je pense que ce sera tout pour l'instant, et je vous remercie encore une fois pour votre aide. Comme je vous l'ai dit tout à l'heure, nous allons rédiger une déposition et je vous la ferai porter afin que vous puissiez la relire et la signer. D'ici là, je suggère que vous notiez les noms des gens que vous avez appelés ce matin-là et que vous essayiez de vous souvenir de celui d'entre eux qui a le premier mentionné le nom de Craig Kington.

Otani posa ses deux mains à plat sur la table pour se relever, mais les retira prestement et fixa d'un air consterné les empreintes qu'il avait laissées sur la laque.

— Zut ! Quel maladroit je fais...

Il sortit son mouchoir et fit disparaître les traces de doigts.

— Vous attendez toujours votre mari pour cet après-midi ou ce soir ? Il ne vous aurait pas appelée pour vous préciser quand exactement, par hasard ?

— Non, et ce serait bien la première fois qu'il ferait une chose pareille.

— Ah ! Eh bien, je suppose que c'est un homme très occupé. J'espère toutefois qu'il pourra nous consacrer quelques minutes dans la journée de demain. Nous devons vous quitter, à présent.

Otani se leva, s'attendant à moitié à ce que le visage d'Higashida ne trahisse leur plan. Puis, comme Naomi Horiuchi se dirigeait vers la porte pour les reconduire, il s'immobilisa et parla d'une voix timide :

— Excusez-moi, puis-je vous demander une grande faveur personnelle ?

Il était évident qu'à présent elle avait hâte de se débarrasser d'eux, mais elle dut supposer qu'il allait lui demander d'utiliser les toilettes, car elle hocha poliment la tête.

— Mais bien sûr, fit-elle.

Otani tripota le nœud qui fermait le sac en tissu qu'il avait gardé près de lui pendant l'entretien.

— C'est la plus belle pièce qu'il m'ait été donné de voir dans une maison privée, voyez-vous. M'autoriseriez-vous à la photographier ?

— Eh bien, pourquoi pas, si cela vous fait plaisir.

— Je vous remercie. Ça ne prendra pas même une minute. J'ai ici un appareil Polaroïd. Vous savez, ceux qui développent instantanément les clichés.

Il sortit l'appareil et le lui montra.

— La qualité est étonnamment bonne, et il a toutes les fonctions d'un appareil normal, le déclencheur à retardement pour vous photographier vous-même, etc.

— Vous avez vu, il lui a fallu faire appel à tout son sang-froid pour ne pas piquer une crise d'hystérie, déclara Otani d'un air satisfait en franchissant la grille qu'Higashida tenait ouverte devant lui. A propos, je vous félicite pour votre impassibilité à la fin de la conversation. Maintenant, allons vite au bureau du sanctuaire. J'espère qu'il n'y a encore personne.

La chance était avec eux. Higashida regarda d'un air stupéfait Otani qui, après avoir jeté un coup d'œil furtif aux alentours et constaté que la voie était libre, sortit de sa poche une petite paire de pinces coupantes.

— Vous allez me faire la courte échelle, voulez-vous ? Allons, Higashida-kun !

Sur ce, il le traîna presque jusqu'au coin du petit bâtiment en bois et lui montra le toit, où deux fils téléphoniques sortaient d'un boîtier en céramique. Comprenant enfin ce qu'on attendait de lui, Higashida saisit Otani par les mollets et le hissa jusqu'à portée des deux fils, que l'inspecteur sectionna.

Une fois à terre, Otani le considéra d'un air grave.

— Vous venez de vous rendre coupable de complicité dans la destruction de matériel appartenant à la Compagnie nationale du téléphone et du télégraphe. Une bonne raison de garder ça pour vous. Maintenant, filons d'ici, je vous expliquerai en chemin. Ces fils coupés ne vont pas la retarder très longtemps, parce qu'elle n'aura pas à aller loin pour trouver une cabine, mais ça va lui donner un motif d'inquiétude de plus. Il faudra naturellement compter plusieurs heures avant que l'installation ne soit réparée, ce qui devrait l'empêcher de contacter son mari avant que nous ayons eu notre petit entretien avec lui.

— Désolé, inspecteur, mais je ne vous suis pas.

— Ce n'est pas votre faute. Je dispose d'informations que vous n'avez pas. Elle ment, et en ce moment même, elle doit regretter amèrement d'avoir nié être une élève de Kington alors que nous savons pertinemment qu'elle l'était. J'ai coupé son téléphone parce qu'à mon avis elle va tenter de joindre quelques amis proches et leur demander de mentir en disant qu'elle les a bien appelés ce matin-là.

— Mais pourquoi toute cette histoire à cause de la photo ? Elle ne tenait pratiquement pas en place pendant que vous la preniez.

— C'est le Polaroïd qui l'inquiétait.

Otani sortit la photo de la poche de sa veste et l'examina. Elle ne rendait pas justice à la beauté de la pièce, mais elle était très nette.

— L'appareil provenait d'un des tiroirs du bureau de Kington. Vous ne m'avez pas vu quand je l'ai mis dans le fourre-tout, l'autre jour. Elle l'a reconnu au premier coup d'œil, à moins qu'elle ait pensé que j'avais apporté un modèle identique pour la piéger. Tenez-moi cette photo une minute.

Higashida prit la photo qu'il lui tendait, et Otani sortit de son portefeuille le cliché Polaroïd qu'on avait retrouvé dans les vêtements de Kington après sa mort. Il le tint côté blanc en l'air, et jeta un regard oblique à Higashida.

— Je ne sais pas si je fais bien de vous montrer ceci, dit-il, mais je pense que je vais le faire, à condition que vous me promettiez de n'en parler à personne et de ne le mentionner dans aucun rapport, verbal ou écrit.

— Bien sûr que non, inspecteur.

Otani hésitait encore.

— Réfléchissez bien. Je ne veux vous créer aucun ennui. Je suis en train de violer le règlement, et je ne vous en voudrais pas le moins du monde si vous refusiez d'être associé à des irrégularités. J'ai, à mon sens, d'excellentes raisons de vouloir garder tout ceci confidentiel pour le moment, et je suis prêt à poursuivre cette enquête seul s'il le faut.

— Vous pouvez avoir confiance, inspecteur. Je suis fier de vous aider.

— Je vous remercie. Et je vous suis reconnaissant de votre aide.

Il retourna le second Polaroïd, le tendit au jeune policier et observa sa réaction.

— Vous reconnaissez cette pièce ?

— Oui, inspecteur, fit celui-ci d'une voix étranglée.

— Vous reconnaissez les gens qui s'y trouvent ?

— Oui, inspecteur.

— Bien sûr que vous les reconnaissez. Bon, rendez-moi ces photos et allons-y. Ah, au fait... enchaîna Otani d'un ton anodin alors qu'ils reprenaient leur marche, ce petit renard en céramique qui a été trouvé sur la victime... Le vieux type qui a découvert le corps a bien juré qu'il ne l'avait pas touché, n'est-ce pas ?

— Absolument, inspecteur.

— Et vous en avez relevé les empreintes vous-même ?

— Oui. Nous avons tout le matériel nécessaire au commissariat. Ensuite il a été facile de comparer les relevés d'empreintes avec celles que les services municipaux ont dans leur dossier sur Kington.

— Et ensuite c'est bien vous qui avez mis la figurine dans le sac en plastique ? Et le sac en plastique dans le casier, avec ses vêtements et l'enveloppe ?

— C'est exact, inspecteur.

Otani hocha la tête d'un air songeur et resta silencieux jusqu'au commissariat.

Chapitre 12

Les coups frappés à sa porte étaient si discrets qu'Otani ne fut pas sûr d'avoir bien entendu. Il leva la tête puis, lorsqu'ils se répétèrent, invita leur auteur encore invisible à entrer. C'était l'inspecteur Takada qui entrebâilla la porte et glissa la tête par l'ouverture. Par déférence envers son aîné qui paraissait hésiter à entrer, Otani se leva aussitôt.

— Ah ! C'est vous, inspecteur... Entrez, je vous en prie.

— Bonjour. Veuillez excuser cette intrusion, mais je n'en ai que pour une minute.

Lorsque Otani était arrivé à Sumoto, Takada était venu l'accueillir en uniforme, mais à présent il était vêtu d'un costume trois-pièces bleu marine coupé si large qu'il faisait paraître l'inspecteur encore plus rond qu'il n'était. Il portait également une chemise démodée, rayée avec un col blanc, et une cravate bleue ornée, juste au-dessus de l'échancrure en V du gilet, d'une broderie au fil doré représentant une roue dentée. Otani reconnut aussitôt le symbole ainsi que le badge de même motif épinglé à son revers. La chambre comportait bien un second fauteuil pour un éventuel visiteur, mais voyant Takada aller se planter devant la fenêtre, Otani se sentit obligé de rester debout. Plusieurs secondes passèrent avant qu'il ne se décide à adresser la parole au dos tourné de l'inspecteur.

— Je vois que vous appartenez au Rotary, inspecteur.

Takada se retourna, un bref mais infiniment satisfait sourire flottant sur ses lèvres.

— Oui, j'ai cet honneur, dit-il. Vous connaissez donc l'insigne du club.

Ses yeux s'agrandirent.

— Vous n'en feriez pas partie, par hasard... ?

— Oh non, pas du tout. Je ne suis pas assez important pour ça. Mais j'ai quelques amis qui en sont.

Par délicatesse, Otani s'abstint de préciser que l'un d'entre eux tentait justement de le faire admettre au sein du prestigieux Rotary Club de Kobe Sud. Le Baron avait assez de poids pour rallier un nombre suffisant d'avis favorables, mais la décision était loin d'être acquise.

Tout le monde continuait à appeler Maeda-san « le Baron », bien qu'il ait, comme tous les membres de l'ancienne Maison des Pairs, perdu son titre en 1946. Il avait largement compensé cette perte de titre en devenant un prospère homme d'affaires, bientôt élu président de la chambre de commerce de Kobe, et personnalité influente au sein de la Fédération nationale des organisations économiques. Et malgré toutes ces fonctions, il trouvait encore le temps de s'occuper des Otani. Pendant la guerre, alors qu'il n'était qu'un jeune lieutenant de dix-huit ans affecté aux services de renseignements navals, Otani avait travaillé quelques mois sous les ordres du Baron, alors capitaine de la Marine impériale. C'est lui et sa femme, aujourd'hui décédée, qui avaient provoqué la rencontre entre Otani et Hanae, et qui avaient été les intermédiaires de leur mariage. Takada prenant son temps pour répondre, Otani eut le temps de songer que le Baron serait peut-être de bon conseil à propos de la situation à Sumoto.

— Oui, il peut paraître inconvenant de ma part de le préciser, fit Takada sans se départir de son air suffisant, mais je suis devenu au fil des années un des citoyens les plus éminents de cette ville.

— Vous le méritez, j'en suis convaincu. Euh... voulez-vous vous asseoir, inspecteur ? Je suis navré, croyez-moi. J'aurais dû vous faire parvenir un rapport sur les développements de l'enquête, mais je sais que vous êtes un homme très occupé et je...

— Ça, vous pouvez le dire ! Avec toutes les responsabilités de ma fonction et tous les soucis qui reposent sur son titulaire, je me demande parfois comment je fais pour ne pas me laisser déborder. Et, en plus du reste, nous sommes mardi, jour du déjeuner hebdomadaire du Rotary de Sumoto. Impossible d'y échapper, vous comprenez.

Il soupira.

— J'ai tant à faire qu'il me sera difficile d'assister à une autre réunion cette semaine. Voyez-vous, notre section pourra bientôt s'enorgueillir du record de participation trimestriel pour la région du Kansai. Mais je bavarde, je bavarde... Merci, non, je n'ai pas le temps de m'asseoir. Et, cher inspecteur, je ne suis pas venu vous demander de rapport sur votre enquête. Je suis sûr que vous accomplissez un travail remarquable.

— Vous êtes bien aimable. J'espère être à la hauteur de la confiance que vous m'accordez et, en tout cas, cela m'a beaucoup facilité les choses d'avoir les mains aussi libres. L'agent Higashida m'est également d'une aide précieuse. Je trouve que c'est un jeune homme extrêmement prometteur.

— Les mains libres, oui, tout à fait. Ce n'est pas à

un amateur comme moi de me mêler d'un travail de spécialiste. A la vérité, je suis juste passé pour... Eh bien, en toute autre cïrconstance, je ne me serais jamais permis de...

— Un problème, inspecteur ?

Otani considéra son interlocuteur d'un regard serein. Il était évident que quelque chose préoccupait Takada, et Otani jugeait qu'il était grand temps qu'il en fasse état.

— Oh, pas vraiment un *problème*, voyez-vous. Non, je n'irai pas jusqu'à employer ce mot.

— Mais vous désirez me parler d'un point précis ?

— Eh bien... je dois dire que ça me facilite les choses... Le fait que vous soyez si bien informé sur le Rotary, je veux dire. Vous comprenez, j'en suis sûr, qu'il est impératif pour un homme dans ma position de prêter la plus grande attention à la sensibilité de mes collègues du club, et...

— Bien sûr. Et... ?

— Eh bien, pour parler franchement, je dois dire que j'ai été un petit peu alarmé d'apprendre que vous aviez...

Takada lui tourna une nouvelle fois le dos et marmonna les derniers mots de sa phrase à l'attention de la fenêtre.

— ... donné des instructions pour intercepter Horiuchi-sensei à sa descente du ferry cet après-midi.

— C'est exact, oui. J'ignorais qu'il faisait également partie du Rotary.

— Vous n'aviez aucune raison de le savoir, fit Takada du ton d'un homme qui s'efforce de se montrer impartial.

Il se retourna alors d'un bloc vers Otani.

— Mais comme on dit, tout est bien qui finit bien.

Le sourire de soulagement qui s'était peint sur son

visage disparut lorsqu'il découvrit l'expression de son interlocuteur.

— J'admets, rétorqua celui-ci, que je ne savais pas exactement jusqu'à quel point je pouvais faire appel à votre personnel en dehors de l'assistance individuelle de l'agent Higashida. Je m'en excuse. Peut-être aurais-je dû l'envoyer personnellement à Iwaya au lieu de lui demander de déranger vos hommes. J'ai probablement fait preuve d'insouciance en ne vous consultant pas auparavant.

— Peut-être bien, mais à présent, ce détail est purement académique, n'est-ce pas ? Ça n'empêchera pas l'eau de couler sous les ponts. Et puis, vous ne pouviez pas savoir que le prêtre aurait été gravement offensé s'il avait été...

— Inspecteur Takada, l'interrompit Otani d'une voix douce qui réduisit aussitôt Takada au silence. Dois-je comprendre, d'après ce que vous dites, que vous avez annulé mes ordres demandant qu'Horiuchi soit intercepté à sa descente du ferry et conduit ici pour interrogatoire ?

— Eh bien, oui, naturellement. Comme je viens de vous l'expliquer, et je suis sûr que vous le comprenez à présent, une telle initiative était hors de question s'agissant d'un citoyen aussi éminent qu'Horiuchi-sensei, qui, par ailleurs, j'en suis convaincu, sera prêt à...

— Je vois.

— Oui. Je... j'étais sûr que vous seriez d'accord.

Le silence s'alourdit de seconde en seconde mais Otani se refusa à le rompre, et Takada finit par émettre un drôle de petit bruit de gorge avant de se diriger vers la porte.

— Bon, eh bien, je dois vous quitter à présent. Il me

faut être là avant le premier coup de cloche, vous comprenez.

— Une dernière question, si vous permettez, inspecteur.

— Oui, bien sûr. A quel sujet ?

— Il est possible que... Oh, et puis peu importe. Je ne voudrais pas vous faire arriver en retard à votre déjeuner.

Higashida se plaça devant la Mazda et Otani frappa à la vitre côté conducteur. L'homme fronça les sourcils, hésita un instant puis abaissa la vitre de quelques centimètres.

— Excusez-moi. Vous êtes bien Chiaki Horiuchi, n'est-ce pas ? Le prêtre du sanctuaire Inari à Sumoto ?

— C'est bien moi, oui. Que voulez-vous ?

Otani exhiba sa carte.

— Otani, Tetsuo. Chef des enquêtes criminelles de la préfecture de Hyogo. Avancez d'une vingtaine de mètres, je vous prie, et rangez-vous de façon à ne pas gêner la circulation.

Sur ce il se dirigea vers l'endroit qu'il venait d'indiquer et fit signe à Higashida de le suivre. Les deux policiers lui tournant le dos, Otani se demanda si Horiuchi allait tenter de fuir et, dans ce cas, comment lui-même devrait réagir. A en juger par les coups de klaxon exaspérés que deux ou trois voitures bloquées derrière lui firent entendre, Horiuchi prit son temps pour décider s'il allait obtempérer ou non. Il finit par s'y résoudre, gara sa voiture et en descendit.

Ne l'ayant que brièvement aperçu la veille au matin alors qu'il démarrait en trombe du parking du sanctuaire Inari, Otani soumit le prêtre à un examen attentif. Chiaki Horiuchi devait avoir une quarantaine d'années, c'est-à-dire six ou sept de plus que son épouse. Pas particulièrement grand, il avait l'air robuste et en bonne santé, et Otani se fit la réflexion que son visage bien en chair, avec ses sourcils broussailleux et son regard enflammé, devait être très impressionnant lorsqu'il portait sa robe de prêtre. Ce jour-là, cependant, il était vêtu d'un très chic et très éclatant costume gris à rayures blanches, avec une cravate à peine plus reposante pour les yeux. A vrai dire, il avait l'allure d'un gangster de haut vol.

— Eh bien, qu'y a-t-il ? Je suis un homme très occupé.

— Vos affaires ont bien marché à Kobe ? s'enquit Otani d'un ton poli tout en continuant de le détailler de la tête aux pieds.

— Je ne vois pas en quoi cela peut vous concerner. Que signifie tout ceci ?

— Allons, allons, Horiuchi-san.

En employant délibérément la formule de politesse familière au lieu d'utiliser le titre honorifique de *sensei* auquel lui donnait droit son statut, Otani s'attendait naturellement à une réaction de la part d'Horiuchi. Tout en enchaînant, il vit en effet la défiance se peindre sur le visage du prêtre.

— Il y a quelques jours, un homme a été assassiné dans l'enceinte du sanctuaire Inari à Sumoto. Je suppose que vous vous attendiez à ce que la police vous demande de collaborer à l'enquête.

Le visage hostile d'Horiuchi prit alors une expression menaçante.

— Je sais très bien qu'on a trouvé un cadavre près du temple, mais je ne sais absolument rien des circonstances dans lesquelles cet homme est mort. Un homme de votre rang et de votre expérience aurait dû savoir que j'aurais volontiers accepté de répondre à vos questions si vous me l'aviez demandé de façon civilisée. Mais vu votre comportement, je me vois dans l'obligation de signaler à l'inspecteur Takada que vous m'avez tendu un véritable guet-apens. Et puis que faites-vous ici à Iwaya ? Comment saviez-vous que je prendrais ce ferry ?

— Vous ne nous attendiez donc pas ? Votre femme n'était pas sûre, mais elle pensait que vous reviendriez à Iwaya cet après-midi ou ce soir, alors nous avons tenté notre chance. Mon collègue et moi avons d'ailleurs eu quelques problèmes de transport, et nous avons dû louer un taxi pour venir vous attendre. Enfin, nous sommes ici, vous aussi, alors j'aimerais vous poser quelques questions. Si vous êtes d'accord, nous pourrions nous installer dans votre voiture, ou si vous préférez nous pouvons aller prendre un café quelque part. Nous n'en aurons pas pour longtemps.

Horiuchi avança son visage tout près de celui d'Otani.

— Laissez-moi vous dire une bonne chose, inspecteur Je-ne-sais-qui, vous n'allez pas me retenir une minute de plus. Je rentre chez moi, et si la police de Sumoto a des questions à me poser, l'inspecteur Takada m'appellera et nous conviendrons d'un rendez-vous.

Otani secoua la tête d'un air contrit.

— Ce serait vraiment beaucoup mieux si vous acceptiez de collaborer, vous savez. Il faut que vous compreniez que j'agis sur ordre de la préfecture de Kobe, pas de la police de Sumoto. Et je doute que vos associés de Kobe apprécieraient de savoir qu'on vous a vu avec eux ces dernières vingt-quatre heures alors que vous aviez cette histoire suspendue au-dessus de votre tête. Qu'en pensez-vous ?

— Kobe ? Associés ? Où voulez-vous en venir ?

— Je pense que vous le savez très bien. Mes collègues m'ont fait savoir qu'ils avaient pris quelques charmantes photos, dont une où l'on vous voit en compagnie d'un gros bonnet de la bande Yamamoto. Mais il n'aura aucun motif de s'inquiéter si vous vous conduisez de manière raisonnable. Alors trêve de menaces. Ça marche peut-être avec l'inspecteur Takada, mais je peux vous assurer que ça ne marche pas avec moi. Alors, vous nous invitez dans votre voiture ? J'aimerais vous rapporter la conversation que nous avons eue ce matin avec votre femme dans votre ravissante maison.

Chapitre 13

— Nous rentrerons en car, dit Otani à Higashida tandis que, quarante minutes plus tard, ils regardaient un Horiuchi furieux s'éloigner au volant de sa voiture. Vu comme il conduit, nous n'avons aucune chance d'arriver avant lui à Sumoto, même en taxi. Et puis nous serons plus à l'aise pour parler dans un car.

— Croyez-vous qu'il va se plaindre à Takada, inspecteur ?

Otani secoua lentement la tête.

— Ça m'étonnerait. Vous pouvez être sûr que l'inspecteur finira par apprendre — et pas nécessairement par moi — que nous avons quand même intercepté Horiuchi, mais notre ami y réfléchira sans doute à deux fois avant de se plaindre. Ce serait une stupidité, et une stupidité encore plus grande que celle qu'il a déjà commise.

Ils se dirigèrent vers le rond-point où deux cars étaient à l'arrêt, dont l'un devait, selon l'horaire affiché, partir pour Sumoto dans huit minutes. Quelques passagers étaient déjà montés, mais il y avait de nombreuses banquettes libres, et Otani en choisit une à l'arrière.

— A propos, même si Horiuchi fait des histoires, vous n'avez aucune inquiétude à avoir quant à votre position après ce qui s'est passé cet après-midi. Il est exact que l'inspecteur a essayé de me dissuader d'intercepter Horiuchi, mais vous n'avez fait qu'obéir à mes ordres. A mon retour à Kobe, j'expliquerai toutes mes initiatives à la direction préfectorale.

Il se sourit à lui-même.

— Ne serait-ce que pour me faire rembourser la note de taxi. Mais je peux vous assurer que vous ne serez pas mal noté pour cela.

— Bien, inspecteur. Je vous remercie.

— Vous avez l'air sceptique. Laissez-moi vous expliquer les choses autrement. Mais cela doit rester entre nous, entendu ? Comme vous le savez, l'inspecteur Takada doit prendre sa retraite dans quelques mois. Pour ma part, j'ai quelques raisons de penser qu'il la prendra avant, mais peu importe. Il y a des choses plus importantes à discuter. Horiuchi, en particulier. Vous avez naturellement eu l'occasion de le voir dans son grand costume de cérémonie. Quelle impression vous a-t-il fait tout à l'heure, quand vous l'avez vu en civil ? Dites-moi franchement.

— Inspecteur, je pense que c'est un individu peu recommandable.

— Pourquoi ? Parce qu'il n'aime pas les étrangers ? Moi-même je ne me sens pas très à l'aise avec eux.

— Non, ce n'est pas pour ça. Il dégage quelque chose de malsain. Plus il parlait, plus il me faisait froid dans le dos. Au début, il m'a paru très ébranlé par ce que vous lui avez dit de ses affaires à Kobe...

— Je suis désolé de ne pas pouvoir vous éclairer davantage sur ce point pour l'instant, Higashida. Mais croyez-moi, pour un prêtre, il a de drôles de relations. Continuez.

— Oui, inspecteur. Eh bien, il m'a semblé que quand

il a fini par se décider à répondre à vos questions, il l'a fait avec beaucoup de prudence. Et s'il s'en était tenu à sa ligne de défense, il aurait été très difficile de prouver qu'il mentait.

— Quand il a prétendu être dans une sorte de transe l'autre matin en allant débiter son galimatias quotidien au sanctuaire ?

Higashida eut l'air légèrement choqué par l'irrévérence d'Otani.

— Euh, oui... J'ai entendu dire que les prêtres shintoïstes sont dans un drôle d'état mental quand ils officient. Il est tout à fait possible qu'il n'ait pas entendu sa femme lui expliquer ce qu'elle avait vu en envoyant son fils à l'école. Pas plus qu'il n'a réalisé ce qui se passait quand il a traversé le périmètre.

— C'est possible, oui, peut-être. Mais il aura du mal à faire avaler ça au procureur du district de Kobe si jamais il doit comparaître. Ah, nous partons. Bien. Mais ensuite, il s'est montré plus coopératif, n'est-ce pas ?

Jusqu'alors, ils avaient parlé à voix basse, mais lorsque le car roula vers le sud le long de la route côtière, le vacarme du moteur leur permit de converser d'une voix normale sans risque d'être entendus.

— Oui, c'est vrai. Dès que vous l'avez fait parler des étrangers. Ce n'est rien de dire qu'il ne les aime pas. Il a vraiment l'air de les détester.

— Nous formons un peuple curieux, vous savez, Higashida. Si vous étudiez l'histoire du Japon au cours des cent dernières années, vous constaterez que nous passons d'un extrême à l'autre : un jour nous portons aux nues tout ce qui vient de l'étranger, le lendemain nous ne pouvons plus le souffrir. Et ça dure depuis plus de cent ans, si vous regardez bien. Horiuchi n'est donc pas une exception. C'est juste un bon vieux réactionnaire gaijinophobe. Il y en avait des tas comme lui avant et pendant la guerre ; et puis du jour au lendemain tout le monde est devenu pacifiste, démocrate et pro-occidental. Aujourd'hui il fait partie d'un courant d'opinion minoritaire mais bruyant. Et vous savez, malgré toute l'agitation que créent des gens comme votre amie Noriko Ito ou ma propre fille, j'ai décelé depuis quelques années un retour aux vieilles valeurs. Je pense d'ailleurs que ce sont les Jeux olympiques de Tokyo qui ont alimenté cette tendance. Les gens recommencent à se sentir fiers d'être japonais, et n'ont pas peur de le dire. En fait, les idées d'Horiuchi pourraient redevenir à la mode un de ces jours. Mais au moins, avec lui, vous savez à quoi vous en tenir. Il hait tous les étrangers en général, et les missionnaires chrétiens en particulier.

— Il a prétendu n'avoir jamais vu ni l'un ni l'autre des Américains.

— Nous saurons bientôt s'il dit la vérité ou pas. Moi, je pense qu'il ment. Mais qu'il mente ou non ne change rien à mon hypothèse. Ces deux jeunes gaijin ont dû créer pas mal de remous dans la population depuis leur installation à Sumoto. A partir du moment où ils ont posé les pieds sur l'île, ils étaient comme un cheveu dans la soupe et ont dû être le sujet d'interminables bavardages. Sans doute pires que des hippies, parce qu'ils avaient l'air respectables. Or les voilà qui débarquent dans une ville qui, à part eux, est à cent pour cent japonaise, pour prêcher une religion étrangère, le christianisme d'une secte américaine. Leur simple présence devait hérisser Horiuchi. Vous savez, il y a encore trois cents ans, les autorités japonaises exécutaient les chrétiens. Et pas seulement les missionnaires étrangers, mais aussi les Japonais qu'ils avaient réussi à convertir. Horiuchi doit regretter le bon vieux temps.

— Et pourtant, inspecteur, j'ai l'impression qu'il n'était pas au courant, pour sa femme et Kington... Pensez-vous qu'il soit suffisamment xénophobe pour avoir tué l'Américain ?

Otani regarda un moment par la vitre avant de répondre.

— Je ne sais pas. Vu ses opinions, découvrir que sa femme était en termes, disons... amicaux avec un missionnaire étranger a fort bien pu être la goutte qui a fait déborder le vase. Mais j'aurais plutôt tendance à être de votre avis. Il était tellement hors de lui tout à l'heure que s'il avait été au courant, il aurait laissé échapper quelque chose.

— Et puis si c'est lui qui a tué l'Américain, il aurait également tué sa femme, vous ne pensez pas ? D'autre part, la réaction de Mme Horiuchi quand elle a vu l'appareil photo semble confirmer qu'il n'est pas au courant et qu'elle est terrifiée à l'idée qu'il puisse l'être.

— Très juste. Vous raisonnez comme un vrai détective.

Otani se tourna de nouveau vers la vitre pour laisser le temps à Higashida de digérer ce compliment. Puis il soupira avant de reprendre la parole.

— Horiuchi est un suspect sérieux. Je préférerais simplement qu'il n'y en ait pas tant d'autres, pas vous ?

— Il n'y en a pas tant que ça, inspecteur.

— Calculez vous-même, Higashida. Souvenez-vous des critères à prendre en compte : mobile, moyen, occasion. Nous venons d'évoquer un des mobiles possibles : les préjugés religieux ou politiques. Ils sont suffisants pour placer Horiuchi sur la liste. Qui d'autre ?

Higashida réfléchit quelques instants mais finit par secouer la tête.

— Vous ne voyez pas ? Je suppose que c'est normal

de votre point de vue, car vous êtes resté en haut quand Gary Wilson a vidé son sac devant moi. Il est convaincu que Kington a trahi leur religion et m'a avoué qu'il ne regrettait pas que Kington soit mort. Wilson est donc aussi sur notre liste car, comme Horiuchi, il aurait pu agir par jalousie. Il est maintenant clair que Kington ne se contentait pas de courir après les femmes, mais qu'il était habile à les attraper, et vous n'avez aucune raison de me regarder comme ça, Higashida. Comme Horiuchi, Wilson est un fanatique dévoré par la colère et la haine, et je dirais qu'il était encore plus jaloux des succès féminins de Kington qu'il n'ose se l'avouer à lui-même.

— Je vois où vous voulez en venir, inspecteur. Et, comme Horiuchi, il avait certainement le choix des occasions pour tuer Kington.

— Absolument. Et je pense que n'importe qui a pu s'emparer d'un poignard et tuer Kington dans l'obscurité. Sauf la vieille Mme Suekawa. Nous devons l'écarter en raison de son incapacité physique à commettre ce crime. Elle est trop vieille et trop fragile. Pourquoi souriez-vous, si je peux me permettre ?

— Désolé, inspecteur, c'est juste que... enfin, vous n'allez pas me dire que vous avez soupçonné la vieille ?

— Bien sûr que si, agent Higashida. La vieille Mme Suekawa, son fils et sa fille. Reportez-vous deux ou trois jours en arrière. Eh oui, c'est tout récent, et pourtant j'ai l'impression d'être à Sumoto depuis des mois. Vous vous souvenez que vous m'avez conduit au Tokiwa parce que vous pensiez que les gens de l'auberge savaient peut-être quelque chose sur le meurtre. Vous devriez vous sentir flatté de m'entendre dire qu'à présent je soupçonne l'un d'entre eux de l'avoir commis.

— Je pensais qu'ils pourraient savoir quelque chose, mais l'idée ne m'a jamais effleuré que l'un d'eux pourrait être le coupable. Vous pensez donc qu'il y a cinq suspects, ou plutôt quatre et demi : Horiuchi, Wilson, les Suekawa et la vieille ?

— Il y en a plus. Il faut compter Mme Horiuchi, et Tadao Mori, qui se trouve être l'oncle ou le cousin ou je ne sais quel parent de Mme Suekawa. Sans oublier, candidate peu probable, je l'admets, mais qu'il ne faut pas écarter, Noriko Ito.

— Les gens que vous venez de citer n'ont pourtant pas de mobile.

— Allons ! Allons ! Vous dormez ou quoi ? Mme Horiuchi a certainement un mobile. Une collection de mobiles, même. Kington a pu par exemple la faire chanter, elle était peut-être jalouse d'une ou de plusieurs des autres maîtresses de Kington, ou bien elle a paniqué à l'idée que son mari pourrait apprendre ce qui se passait. Prenons maintenant Etsuko Suekawa. Elle aussi connaissait Kington, bien que nous ignorions jusqu'à quel point.

Otani s'éclaircit la gorge, qui s'était soudain considérablement desséchée.

— Elle aurait pu avoir les mêmes mobiles que Naomi Horiuchi. Son mari, soupçonnant quelque chose, a pu devenir terriblement jaloux, et être poussé à tuer par sa vieille mère. Noriko Ito avait un mobile politique : Kington avait peut-être marqué des points au cours des discussions et commençait à saper les convictions révolutionnaires de ses camarades.

— Vous ne pensez pas vraiment ce que vous dites, n'est-ce pas ? fit Higashida avec raideur.

Otani lui jeta un coup d'œil de côté.

— Non, vous avez raison, je ne le pense pas. En fait, je ne considère pas vraiment Ito comme suspecte. C'est peut-être téméraire de ma part, mais je la vois plutôt comme une alliée.

Higashida lui décocha un sourire épanoui.

— Il ne reste plus que Mori, inspecteur. Pour quelle raison aurait-il pu vouloir se débarrasser de Kington ?

Otani agita le poignet d'un geste las.

— Laissez-moi du temps et je vous en trouverai une. Je suis en train d'y réfléchir.

Sur ce, cédant à la fatigue, il ferma les yeux.

Il ne reprit conscience qu'en sentant une main ferme lui secouer le bras.

— Nous sommes bientôt arrivés, inspecteur. C'est le prochain arrêt.

Encore à moitié endormi, et d'un pas mal assuré, Otani descendit du car à la suite d'Higashida, lui laissant le soin de payer leurs billets. Ensuite, ragaillardi par la douceur de ce début de soirée, il demanda à Higashida de passer le prendre le lendemain matin à 8 h 30 au Tokiwa, puis lui souhaita le bonsoir.

— Non, non, ne vous inquiétez pas. Je sais où je suis et je retrouverai facilement le chemin de l'auberge. Une petite marche à pied me fera le plus grand bien. Quelle heure est-il ? Un peu plus de 18 heures ? Nous en avons fait bien assez pour aujourd'hui. Vous pouvez disposer. A demain.

Otani rentra en flânant, heureux de se retrouver seul et s'étonnant lui-même d'avoir pu parler si franchement à un assistant qu'il ne connaissait que depuis peu de temps. Au moins avait-il eu la sagesse de garder pour lui les deux dernières éventualités. C'était une infraction caractérisée à l'étiquette que de s'être laissé aller à critiquer ouvertement l'inspecteur Takada devant un des plus jeunes éléments de son personnel, mais il aurait été bien pis de confier à Higashida que, depuis le matin, Takada lui-même avait rejoint la liste des suspects. Et naturellement, il était hors de question pour lui d'avouer à

Higashida que plus il réfléchissait à la théorie absurde de Tadao Mori comme quoi Kington avait été tué par un renard sorcier, plus il était persuadé que Mori pourrait être dans le vrai.

En attendant, qui sait quels dangers l'attendaient à l'auberge. Otani redressa le torse et allongea le pas. Une chose en tout cas était sûre. Pour ce qui le concernait, toutes les filles de la Revue Takarazuka pouvaient le rejoindre dans son bain. Il était prêt à les ignorer. Et, quoi qu'il arrive, il irait au lit aussitôt après son dîner.

Seul.

Chapitre 14

Dès son réveil le lendemain matin, après sa nuit la plus reposante depuis pas mal de temps, Otani sentit que quelque chose d'inhabituel se passait. Sa montre lui indiquait 7 h 30 passées. Tandis que, vêtu de son yukata, la semelle de ses chaussons claquant sur le plancher, il se dirigeait vers les toilettes et salle de bains au bout du couloir, il entendit une série de chocs sourds en provenance du rez-de-chaussée, comme si l'on déplaçait sans ménagement de lourdes pièces de mobilier, puis la voix colérique de Suekawa et enfin un hurlement aussitôt réprimé qui lui glaça le sang.

Otani se précipita vers le haut de l'escalier mais le temps qu'il y arrive, les voix — une masculine et deux, non, trois féminines — avaient repris un timbre à peu près normal. Il hésita un instant à descendre, malgré sa tenue, voir ce qui se passait, puis décida qu'il ferait mieux de s'habiller d'abord. Il renonça à se raser, mais se lava rapidement le visage et les mains, puis regagna sa chambre où il enfila ses vêtements en toute hâte. Il boutonnait son pantalon quand il entendit Noriko s'annoncer, faire coulisser la porte et entrer avec un plateau. Elle était vêtue de ce qu'Otani supposait être sa tenue quotidienne : jean et pull-over, mais ce dernier lui allait beaucoup mieux que celui de l'autre jour, et elle portait dessous une chemise ou un corsage. Elle était pâle et avait les lèvres crispées.

— Bonjour, Ito.

— 'jour. Désolée, mais vous n'aurez droit qu'à du café pour l'instant. C'est un vrai chaos en bas.

— Que se passe-t-il ? On aurait dit la fin du monde tout à l'heure.

— *Tout à l'heure !?* Vous devez prendre des somnifères, ma parole... Le vacarme que j'ai entendu en arrivant, vers 7 heures, aurait réveillé un mort et, d'après ce qu'ils se balancent, j'ai l'impression que ça a duré la moitié de la nuit.

— Mais de quoi s'agit-il ? Une querelle de famille ?

— Bien sûr. Que voulez-vous que ce soit ? Ils me rendent malades, tous les trois.

— C'est encore à propos du renard de la vieille ?

— Oh, ça et d'autres choses. Mais ne vous inquiétez pas. Je ne pense pas que cela nécessite l'intervention de la police, même si ça doit vous priver de petit déjeuner. Buvez au moins votre café.

— Tant pis pour le petit déjeuner. Il n'arrive pas à la cheville du dîner, de toute façon.

Otani avala une gorgée de café et se sentit aussitôt mieux.

— Puis-je vous poser une ou deux questions ? Des questions personnelles ?

— Si c'est à propos de ce qui s'est ou ne s'est pas passé entre Craig Kington et moi, non.

— Non, non, pas du tout. Ma première question, c'est pourquoi une jeune fille comme vous fait-elle la bonne dans un endroit comme celui-ci ?

— C'est un travail parfaitement honorable. Vous

m'avez bien dit que votre fille était serveuse à mi-temps, non ? C'est presque la même chose.

— Loin de moi l'idée qu'il ne s'agit pas d'un travail honorable. Mais vous éludez ma question, et je ne peux pas vous obliger à y répondre.

— Pourquoi cela vous intéresse-t-il tant ?

— Pour des tas de raisons. Il est évident que vous ne supportez pas les Suekawa, que vous en avez par-dessus la tête de leurs incessantes disputes, que vous travaillez plus qu'il n'est normal, et pour un salaire qui ne doit probablement pas être en rapport. Une personne comme vous pourrait facilement obtenir un travail beaucoup plus intéressant... même s'il vous fallait peut-être aller à Kobe pour cela, où...

Il faillit lui demander si elle avait jamais songé à entrer dans la police.

— Désolée, mais vous devrez trouver la solution tout seul. Disons simplement que je reste ici pour des raisons personnelles. Maintenant, je veux bien répondre à votre seconde question.

— Entendu, mais je dois d'abord vous faire quelques confidences. Quand je suis allé voir ce type, Mori, et qu'il s'est lancé dans sa théorie selon laquelle la famille Suekawa entretiendrait des liens de sorcellerie avec les renards, je me suis d'abord dit qu'il n'avait pas toute sa tête et qu'il me racontait des salades. Or, pour être franc avec vous, il m'est arrivé des choses très étranges depuis que je suis ici. Au milieu de ma première nuit à l'auberge — donc avant même ma rencontre avec Mori —, j'ai été réveillé par un bruit bizarre, mais j'ai cru que c'était un chien du voisinage. Pourtant, ça ne ressemblait pas à un aboiement ordinaire... Mais je vois qu'il est inutile de vous l'expliquer. Ensuite, l'autre soir, je me suis rendu au sanctuaire Inari et j'ai eu une très curieuse hallucination, et puis... enfin, j'ai encore eu une ou deux expériences troublantes. Bref, j'en suis arrivé à penser que Mori était peut-être parfaitement sain d'esprit, et qu'il croyait sincèrement à une sorte d'influence occulte que, pour des raisons pratiques, nous imputerons pour l'instant à des renards sorciers. Et je suis aujourd'hui disposé à croire que la vieille dame d'en bas est convaincue d'être en relation avec un de ces animaux, dont elle s'assure la fidélité en lui déposant chaque soir un bol de tôfu derrière la maison. Bien, voici donc ma question. Y croyez-vous ?

— Est-ce que je crois aux renards ensorcelés ? Bien sûr que non. Je ne crois qu'au matérialisme dialectique.

— C'est vrai, j'avais oublié... Non, je ne me moque pas, croyez-moi. Bon, mais, pourtant, quand je vous ai parlé pour la première fois de la théorie de Mori, vous avez réagi avec un certain amusement. Vous connaissiez pertinemment l'histoire de Mme Suekawa et de son renard. Est-ce qu'on en parle beaucoup dans le voisinage ?

— Un peu, mais pas sérieusement. Les jeunes s'en fichent ou le prennent à la plaisanterie. Il doit y avoir seulement une ou deux personnes de son âge pour la prendre au sérieux. Je pense que vous avez sans doute raison pour Mori. C'est un grand spécialiste du folklore, et, de quelque façon qu'il l'explique, il pense qu'il y a du vrai dans toutes ces légendes.

Elle regarda alors Otani avec une expression de tendresse presque maternelle.

— Mais il ne faut pas que ça vous démoralise, même si ça vous inspire quelques très honorables haïkus.

Otani sentit l'embarras le suffoquer, et il grommela quelques mots, incompréhensibles même pour lui.

— Je n'ai pas pu ne pas les voir, poursuivit Noriko.

Je ne sais pas dans quel état vous étiez quand vous avez quitté votre chambre hier, mais quand j'ai rangé votre lit je les ai trouvés éparpillés par terre. Il y en avait partout. Ne vous inquiétez pas, personne d'autre ne les a vus.

Elle se dirigea vers le placard et, de sous un des futons de réserve, tira une demi-douzaine de feuilles de papier.

— Moi aussi, j'écris des haïkus. Une fois, j'ai même remporté un concours dans un journal. Il suffirait de changer un mot ici et là dans les vôtres, et vous pourriez les offrir à votre femme.

Elle les lui tendit et le considéra d'un air grave.

— Puis-je vous faire une suggestion ?

— Sur mes haïkus ? Avec plaisir.

— Non, non, à propos de ces histoires de renards. Si vous trouvez le temps, allez voir Mme Kazama. C'est une vieille dame que je connais. Elle habite près de chez mes parents.

— Pourquoi voulez-vous me faire connaître cette Mme Kazama ?

— Eh bien... je ne sais pas comment vous la décrire, mais je la connais depuis que je suis toute petite, et si quelqu'un peut éclairer votre lanterne à propos des renards sorciers, c'est bien elle. Elle est médium, et très religieuse. Elle n'a pas l'air comme ça, mais elle est extraordinairement forte. Elle continue à s'infliger toutes sortes d'exercices de résistance, comme de rester nue sous une cascade en plein hiver, etc. La plupart des gens qui la connaissent pensent qu'elle est douée de voyance. Personnellement, je pense que quatre-vingt-dix pour cent de ce qu'elle raconte sont des foutaises, mais je dois reconnaître que c'est quelqu'un de très impressionnant. Elle a entre autres la réputation de chasser les mauvais esprits. Comment dit-on ? Elle exorcise les gens possédés. Si vous avez vraiment eu des hallucinations ou des choses de ce genre, je suis sûre qu'elle pourra vous arranger ça.

— Je n'arrive pas à comprendre comment j'ai pu laisser cette jeune personne m'embarquer là-dedans, répéta pour la troisième fois Otani à Higashida.

Le policier qui les conduisait arrêta la voiture pour demander son chemin à un passant.

— Nous y sommes presque, inspecteur, fit le chauffeur en remontant sa vitre. C'est à un embranchement juste après le prochain virage.

— Bien, mais vous auriez pu choisir quelqu'un d'autre. Vous n'étiez pas obligé de demander ça à un type qui transportait deux seaux de purin pour son potager.

Otani ouvrit sa propre vitre pour chasser l'odeur. Ils se trouvaient dans les collines, à une quinzaine de kilomètres à l'ouest de Sumoto, presque au centre de l'île, dans un paysage d'habitations clairsemées. Durant leur trajet, ils s'étaient rarement trouvés hors de vue d'une maison, et de tous côtés se présentaient des cultures pratiquées sur des terrasses à flanc de colline, protégées du froid par des panneaux de verre crasseux ou, plus fréquemment, par des bâches en plastique rapiécées.

Ils avaient aperçu plusieurs temples bouddhistes semi-désaffectés, dans lesquels Otani imaginait parfaitement la très religieuse et très sorcière Mme Kazama en train d'effectuer quelque retraite, et il était persuadé qu'ils s'étaient trompés de route lorsque le chauffeur arrêta la voiture devant une petite maison récente d'aspect banal. Le genre de maison dans laquelle aurait pu vivre n'importe quel commerçant modérément prospère, une habitation sans rien de remarquable, si ce n'est l'étincelante voiture de location noire garée devant, dont le chauffeur était plongé dans une revue de bandes dessinées, sa casquette et ses gants blancs posés sur le siège à côté de lui.

— Soit Mme Kazama a un autre rendez-vous, soit elle a l'intention de rendre visite au maire après notre départ, dit Otani à Higashida tandis que leur chauffeur lui ouvrait la portière.

L'inspecteur s'adressa alors à ce dernier :

— Interrogez le chauffeur de cette voiture de location et essayez de savoir qui est dans la maison. Demandez-lui si... ah, laissez, c'est inutile.

La porte d'entrée venait en effet de s'ouvrir, découvrant Tadao Mori qui fit signe à son chauffeur d'attendre encore un moment, puis, d'un index posé sur la bouche, indiqua à Otani de ne pas faire de bruit.

Otani examina l'avocat qui s'approchait. Mori était vêtu de la même façon que lorsque Otani était allé lui rendre visite. Toutefois, à la lumière du jour, en plein air et en dépit de l'imposante voiture qui l'avait amené, il lui parut moins impressionnant. C'était un homme sur qui l'âge commençait à peser. Mais il n'avait rien perdu de sa vivacité.

— Mieux vaut tard que jamais, n'est-ce pas ? Mme Kazama s'attendait à vous voir beaucoup plus tôt, inspecteur. Suivez-moi, mais parlez à voix basse, je vous prie. Elle en est à une phase délicate de son invocation à Fudo Myo-o, voyez-vous. Mais vous pouvez entrer. Seul. Dites à votre escorte d'aller jouer plus loin. Il n'a qu'à emprunter la bande dessinée de mon chauffeur.

Otani se tourna vers Higashida et haussa les épaules d'un air impuissant. Higashida s'inclina docilement, mais avec un petit sourire aux lèvres, et Mori repartit vers la porte en faisant signe à Otani de le suivre. La petite entrée où il se déchaussa avait un aspect parfaitement conventionnel, contrastant avec la bruyante psalmodie qu'on entendait dans la pièce à côté. La voix, forte, avait un son nasal et aurait pu appartenir aussi bien à un homme qu'à une femme. Les paroles qu'elle prononçait, incompréhensibles pour Otani, n'étaient pas du japonais. Mais bientôt le rythme du chant se modifia et Otani vit Mori hocher la tête d'un air satisfait.

— Vous avez bien sûr remarqué qu'après la Première Incantation de Fudo, qui vient d'être accomplie selon les règles, nous passons au Sutra du Cœur.

Malgré l'insistance qu'il avait mise quelques minutes auparavant à réclamer le silence aux nouveaux arrivants, Mori parlait d'une voix normale, et même assez forte pour se faire entendre par-dessus le jacassement qu'interrompaient de temps à autre d'inquiétants grognements, gémissements et cris aigus.

Mori fit entrer Otani dans une petite pièce principalement occupée par un vaste autel décoré, précédé d'une estrade basse devant laquelle se prosternait une petite bonne femme en kimono de soie blanche. Les deux hommes restèrent près de la porte, et Otani, sans même en être conscient, s'agenouilla, aussitôt imité par Mori. Il était difficile de croire que le corps menu de ce petit bout de femme pouvait produire des bruits aussi extraordinaires, ou que ses mains serrées pouvaient s'agiter avec une telle rapidité et une telle violence. Mori ne paraissait pas le moins du monde dérouté par ce qui se passait sous leurs yeux, mais Otani dut s'empêcher d'intervenir lorsque la célébrante, prêtresse, médium ou sorcière, quoi qu'elle fût, se cogna plusieurs fois l'estomac avec une force incroyable, tout en rugissant d'horrible manière.

Ce point culminant de la cérémonie glaça le sang d'Otani mais ne dura heureusement pas. Bientôt le tohu-bohu se calma, le chant reprit, puis s'arrêta après quelques minutes. La vieille dame tendit le bras, frappa sur un gong de cuivre posé près d'elle à l'aide d'un bâtonnet, puis se tourna en souriant vers ses hôtes.

— Vous êtes sans doute le policier dont m'a parlé Ito, dit-elle à Otani. Bonjour à vous. Je suis Kazama. Vous voyez, Mori-sensei, je vous avais dit qu'il ne tarderait pas et qu'il n'y avait pas de quoi s'inquiéter. Je suis heureuse que vous soyez arrivé avant que Fudo-sama ne reparte. D'habitude, je ne l'invoque que pour guérir.

— Bien sûr, acquiesça Otani d'une voix faible.

Il était décontenancé par le kimono blanc que son esprit associait au deuil, mais à part ce vêtement, Mme Kazama ressemblait à n'importe quelle septuagénaire japonaise que l'âge aurait, toutefois, épargnée. Elle avait bien sûr le visage couvert de rides, mais plus d'une femme assez jeune pour être sa fille lui aurait envié son teint éclatant et ses yeux vifs et malicieux.

— Donnez-moi votre main, dit-elle.

L'autel et l'estrade occupant un bon tiers de la pièce, Otani était assez proche d'elle pour qu'elle puisse lui prendre le bras sans avoir à se déplacer. Sa petite main n'avait rien à voir avec l'habituel paquet d'os couvert de peau flasque des vieilles dames. Elle était ferme et chaude, et son contact procura à Otani une inexplicable sensation de paix qui lui donna l'impression qu'il pourrait rester des heures ainsi agenouillé. Puis, avec regret, il sentit qu'elle le lâchait et secouait la tête d'un air songeur.

— Vous n'avez pas de gros ennuis, dit-elle. Le renard des Suekawa vous a joué quelques tours, mais ce n'est pas après vous qu'il en a.

— J'ai demandé à Mme Kazama, intervint Mori, si elle ne pensait pas que le renard avait dépassé les bornes en tuant l'Américain.

— Pensez-vous que ce soit lui qui l'ait assassiné, sensei ?

L'ambiance paraissait tellement surnaturelle à Otani qu'il se surprit à parler du renard de manière aussi familière que les deux autres.

Mme Kazama eut un rire de fillette.

— Oh, cher monsieur, ne m'appelez pas sensei. Je ne suis qu'une vieille femme ordinaire, vous savez. Mais pour répondre à votre question, oui, je pense que c'est le renard qui est coupable, et je pense aussi qu'il est grand temps de le renvoyer à Izumo, d'où il n'aurait jamais dû partir. Nous avons la chance que l'auberge Tokiwa ne se trouve pas loin du sanctuaire Inari. Le voile est toujours plus mince à proximité des temples.

— Le voile ? s'étonna Otani.

S'il se sentait toujours aussi calme et détendu, il était également toujours aussi perdu. Ce fut l'avocat qui, après avoir ricané de son ignorance, lui fournit l'explication.

— Le voile entre les mondes, inspecteur. Je dois dire que c'est pénible d'avoir à tout vous expliquer. Grâce aux exercices qu'elle a pratiqués toute sa vie, Mme Kazama est capable de passer d'un monde à l'autre avec l'aide de sutras et d'autres textes sacrés. Cela dit, je crois qu'elle serait la première à reconnaître que, même pour elle, plus le voile est fin, plus il est facile de le traverser.

Mme Kazama acquiesça d'un air tranquille, comme si l'avocat et elle débattaient d'un petit problème quotidien.

— Et il est particulièrement fin autour des temples ? s'enquit Otani en s'efforçant de suivre leur raisonnement.

— Le mieux, bien sûr, ce sont les montagnes et les

cascades, dit-elle, mais il y a des tas d'autres endroits favorables. Près d'un gros rocher ou de grands arbres abritant un dieu, par exemple. Certains sanctuaires sont particulièrement proches de l'autre monde, comme vous vous en êtes sans doute rendu compte en visitant les Grands Sanctuaires d'Ise, ou le temple d'Itsukushima à Miyajima, près d'Hiroshima.

— Oui, je suppose que ces endroits ont quelque chose de spécial.

— Bonté divine ! s'exclama Mori d'un air jovial. Vous êtes une vraie tête de mule, hein ? En tout cas le sanctuaire de Sumoto n'a rien de spécial et ce coquin de prêtre ne facilite certainement pas les choses, mais c'est quand même un sanctuaire Inari, et donc il est tout à fait indiqué pour combattre l'influence d'un renard sorcier.

— Hum, fit Otani d'un air timide, je vais encore poser une question idiote, je sais, mais je suppose que le renard a dû agir *par l'intermédiaire de quelqu'un* pour tuer l'Américain, n'est-ce pas ?

— Mais oui, naturellement, rétorqua Mori en le considérant avec commisération.

L'inspecteur laissa échapper un soupir.

— J'aurais préféré que vous me le disiez quand nous nous sommes vus la dernière fois. Enfin, les choses étant ce qu'elles sont, puis-je vous demander, à vous ou à Mme Kazama, de qui il pourrait s'agir ? Vous dites que c'est la vieille Mme Suekawa qui est possédée par le renard, mais elle est très âgée, très fragile et ne sort jamais. Comment le renard aurait-il pu l'utiliser pour tuer un jeune homme vigoureux et en bonne santé ?

Mme Kazama lui adressa un sourire indulgent.

— Vous n'avez pas *tout à fait* compris. C'est elle qui a autrefois amené le renard d'Izumo, mais à présent il influence non seulement la famille mais aussi l'auberge.

C'est pourquoi il a pu se servir de n'importe qui présent là-bas, propriétaire, personnel ou clients. Vous comprenez ?

Otani sourit d'un air découragé.

— Je ne suis donc pas plus avancé qu'avant, n'est-ce pas ?

— Il ne faut pas dire ça, mon vieux. Bien sûr que vous l'êtes, lui assura Mori. D'abord, vous avez enfin admis dans votre crâne épais que c'est bien le renard le coupable. Maintenant que vous en êtes convaincu, la seule chose à faire est de demander à cette créature malfaisante de qui elle s'est servie pour perpétrer le crime.

Otani se frotta les lèvres pour dissimuler le sourire qui s'y dessinait.

— Je doute qu'elle me le dise aussi facilement, fit-il.

— Pas à vous en effet, dit Mme Kazama. Mais à moi, peut-être. Et à Fudo-sama, certainement.

Chapitre 15

— Bonne nouvelle, j'espère ?

Le dessus du bureau de l'inspecteur Takada était aussi désert que la première fois. L'inspecteur était en uniforme, et c'est avec une indéfinissable lassitude qu'il avait informé Otani qu'il devait appeler le plus vite possible la direction préfectorale.

Otani haussa les épaules. La nouvelle n'avait plus rien de secret, et il n'y avait donc aucune raison de ne pas mettre Takada au courant.

— Je ne sais pas, à vrai dire, fit-il. Je m'attendais certes à une mutation, mais pas aussi près de chez moi. Il semble qu'on veuille me confier la direction des enquêtes criminelles du district de Nada.

Takada prit un air grave.

— Permettez-moi de vous féliciter. Ayant moi-même senti peser sur mes épaules le poids des responsabilités attachées à la direction d'un district — heureusement l'inspecteur adjoint Kuroda sera de retour demain —, je pense que vous trouverez vos nouvelles fonctions à la fois plus ardues et, dirais-je, plus *terre à terre* que celles d'un poste à la préfecture.

— Oui, très certainement. Mais vu l'agitation étudiante dans tout le pays, il me faudra aussi revoir mes techniques de répression d'émeute. Le district de Nada inclut le campus de l'université de Kobe et plusieurs autres établissement scolaires.

— Vraiment ? Dans ce cas, je dois ajouter mes condoléances à mes félicitations. Par bonheur, et ce n'est pas à moi de dire si c'est par chance ou par habileté, j'ai pu pour le moment limiter ce genre de débordements ici.

L'île d'Awaji ne comprenant pas un seul établissement secondaire, Otani se garda de tout commentaire, et au bout d'un moment Takada lui posa la question à laquelle il s'attendait.

— Euh... je suppose donc que vous allez repartir très vite à Kobe ? Je me ferai naturellement un plaisir de vous raccompagner dans ma voiture jusqu'au ferry au moment qui vous conviendra.

— Vous êtes très aimable, mais rien ne presse. La date de ma prise de fonction à Nada est fixée au lundi de la semaine suivante, et il ne me faudra qu'un jour ou deux pour ranger mon bureau de Kobe. De sorte qu'avant de partir j'aurai tout le temps de boucler notre affaire.

Il y eut un assez long silence avant que Takada ne reprenne la parole.

— Je vois... Je pensais que vous préféreriez...

— Ce n'est pas dans mes habitudes de repasser une enquête en cours à quelqu'un d'autre, inspecteur, sauf quand je n'ai pas le choix. De toute façon, j'ai presque terminé et j'espère procéder à une arrestation sous vingt-quatre heures. Ou peut-être deux.

— *Deux ? Deux arrestations ?*

— Exact, rétorqua calmement Otani sous le regard ahuri de Takada. Le festival ennichi mensuel se déroulera demain après-midi au sanctuaire Inari, n'est-ce pas ? Je ne veux le manquer sous aucun prétexte. On m'a dit que votre ami Horiuchi en avait fait un événement spectaculaire.

Takada semblant avoir momentanément perdu l'usage de la parole, Otani poursuivit d'un ton calme sous lequel perçait cependant une détermination sans faille.

— Je suppose qu'il vous a fait part de notre petite conversation à Iwaya ? Celle que vous vouliez empêcher ? Il vous en a probablement rapporté l'essentiel, je suppose. Permettez-moi d'apaiser vos craintes sur au moins un point, inspecteur. Je pensais le contraire il n'y a encore pas si longtemps, et il existe des éléments qui militent toujours en ce sens, mais je peux vous assurer aujourd'hui que vous ne figurez pas parmi les personnes que j'ai l'intention d'arrêter. En revanche, je veux que vous me disiez ce que vous avez fait de la statuette de renard qui était en votre possession.

Pendant la tirade d'Otani, Takada parut vieillir à vue d'œil, et lorsqu'il se tut, le visage de l'inspecteur était livide et sa bouche s'agitait convulsivement.

— Je... euh... statuette ? De renard ?

— Vous pensiez que personne ne remarquerait le subterfuge, n'est-ce pas ? Vous vous êtes conduit de manière stupide mais vous avez aussi manqué de chance, inspecteur. Avoir couvert une première folie ne vous suffisait donc pas ? Vous avez manqué de chance parce que l'agent Higashida est un officier intelligent et plein de ressources et que c'est lui qui se trouvait de service lorsqu'on a signalé la découverte du corps de Kington. Stupide ensuite de me l'avoir confié comme assistant alors que vous auriez pu le tenir éloigné de moi.

Otani sortit ses cigarettes, en alluma une et se carra dans son fauteuil sans quitter Takada des yeux.

— Non, il est inutile de parler pour l'instant. Je vais d'abord vous expliquer deux ou trois choses. On dit que le mieux à faire quand vous êtes au fond d'un trou, c'est d'arrêter de creuser, alors réfléchissez bien à ce que vous allez me dire tout à l'heure. Cette conversation n'a rien d'officiel, et c'est peut-être la dernière de cette sorte que j'aurai avec vous. Je suppose que je ne peux pas faire moins au regard du respect que je dois à votre supériorité hiérarchique. Cela me convient également, parce que je pourrai déballer mon sac et vous dire des choses que je ne tiens pas à voir figurer dans mon rapport. Je ne pense pas que vous soyez un homme foncièrement mauvais, Takada. Vous êtes prétentieux, vaniteux et stupide. Et pourtant, quand je suis arrivé ici, vous m'avez trompé en me jouant un habile numéro. Chaque fois que je me demandais comment vous pouviez vous désintéresser à ce point du meurtre d'un étranger dans votre circonscription, je me disais que vous n'étiez plus qu'à quelques mois de la retraite et qu'il n'était pas déraisonnable de penser qu'un homme aussi paresseux et content de lui que vous l'êtes chercherait par tous les moyens à refiler à quelqu'un d'autre une affaire embarrassante. Alors qu'en réalité vous vous démeniez comme une vraie petite abeille pendant tout ce temps, n'est-ce pas ?

Takada était depuis un moment agrippé au rebord du bureau, si fermement qu'Otani pouvait voir la blancheur gagner le bout de ses doigts. Mais au moins avait-il retrouvé l'usage de la parole.

— Conversation officieuse, disiez-vous, et voilà que vous ajoutez l'impertinence à une intervention déjà intolérable dans mes affaires. Eh bien, de manière non officielle, Otani, laissez-moi vous dire que vous êtes un homme arrogant, gonflé d'orgueil parce que vous avez réussi à impressionner nos supérieurs. Si vous jouez vos cartes de manière correcte à Nada, vous pouvez espérer une promotion rapide et, d'ici quelques années, viser une bonne place à Tokyo. Naturellement, un petit policier contaminé par les étrangers comme vous ne peut que mépriser un homme comme moi, vieux policier provincial consciencieux, patriote heureux de faire son travail et de jouir de la considération de ses amis. Eh bien, vous êtes peut-être très malin, mais ici, vous ne faites pas le poids, croyez-moi.

Le visage d'Otani était resté impassible durant toute cette intervention, et lorsqu'il parla, ce fut avec grand calme.

— Bien. Nous y voyons un peu plus clair à présent. Mais revenons-en à notre affaire. Dites-moi ce que vous avez fait du petit renard en céramique.

— Autant que je le sache, cet objet qui paraît vous obséder se trouve sous clé, avec les autres pièces à conviction.

— C'est faux. Je vous ai déjà dit que je savais que vous l'aviez pris.

— Je l'ai en effet sorti un moment pour l'examiner. Mais je l'ai remis.

— Vous l'avez remis, oui, mais le lendemain du crime, et ce n'était pas la statuette originale, mais une autre, presque identique. Je ne serais pas étonné que ce soit Horiuchi qui vous l'ait fournie. Je suppose qu'il a été horrifié quand vous lui avez dit ce que vous aviez fait de l'original. Heureusement pour vous, il lui était facile de le remplacer : ils en vendent des tas de semblables au sanctuaire.

Takada leva les yeux au ciel et s'efforça d'adopter un sourire indulgent.

— Auriez-vous l'amabilité de me préciser où vous voulez en venir avec cette histoire à dormir debout ?

— Avec plaisir. Je ne pense pas que vous vous attendiez à ce que Kington soit assassiné, mais quand vous l'avez appris, vous avez aussitôt deviné qui avait pu commettre le crime, et vous vous êtes mis à élaborer une fausse piste pour éloigner les soupçons de cette personne. Vous saviez que Gary Wilson détestait Craig Kington, et vous avez donc placé le petit renard dans sa chambre en espérant que je le trouverais, que je penserais qu'il provenait d'un ensemble de deux pièces et que je n'irais pas chercher plus loin puisque je tenais l'assassin. Le jeune Wilson est de toute évidence quelqu'un de psychologiquement fragile et, un jour ou l'autre, il aurait bien pu franchir le pas et tuer lui-même Kington.

— Vous avez donc trouvé un renard dans sa chambre ?

— Pas *un* renard, inspecteur, *le* renard. Évidemment, je ne l'ai pas compris tout de suite. Il m'a fallu observer les photos du crime pour en être sûr. J'avais déjà remarqué que celui se trouvant dans le casier ne ressemblait pas à celui figurant sur les clichés pris par Higashida. Il était de la même taille, mais il se trouve, voyez-vous, que ces petits animaux sont peints à la main, qu'ils ne sont décorés que de quelques coups de pinceau, mais qu'il est impossible d'en trouver deux exactement identiques. J'ai donc pu distinguer les différences à l'œil nu, et je suis certain que le laboratoire nous confirmera qu'il ne s'agissait pas des deux mêmes statues.

— C'est peut-être votre conviction, mais vous n'avez aucune preuve. Où se trouve l'autre renard à présent ? Celui dont vous prétendez qu'il est l'original ? J'aimerais beaucoup le voir.

Otani tendit la main vers la poche de sa veste, hésita, retira sa main puis, après une dernière hésitation, la plongea dans sa poche et en sortit le petit renard en céramique.

— A vrai dire, je ne suis pas sûr que... commença-t-il en la tendant à l'inspecteur.

Il n'essaya pas d'arrêter Takada quand celui-ci fracassa la figurine par terre, où elle se brisa en morceaux qu'il piétina pour les réduire en poussière.

— Et maintenant, qu'allez-vous faire ? fit Otani. Retoucher les photos ou prétendre qu'elles ne sont « pas sorties » ?

Takada respirait bruyamment, les joues en feu, mais s'abstint de répondre.

— J'allais vous dire, juste avant que vous ne confirmiez avec éclat mon hypothèse, qu'il était possible que ce soit Higashida lui-même qui ait substitué la statuette. Il aurait même pu tuer Kington. Il avait un mobile. Son amie connaissait l'Américain et avait peut-être même couché avec lui. Mais il est trop tard pour vous raccrocher à cette explication. Pas après la petite scène à laquelle vous venez de vous livrer. Dommage que vous ne m'ayez pas laissé le temps de vous expliquer que le petit renard que vous venez de casser avait été acheté au temple par Higashida lui-même il y a une heure, justement en vue de cette conversation. L'original est en lieu sûr. Allons, pourquoi ne pas me dire qui vous protégez ?

— Vous aimeriez bien le savoir, hein ?

Takada, toujours debout, oscillait légèrement. Il avait prononcé ces mots d'une voix grondante, et si Otani s'était trouvé alors dans l'état bizarre qu'il avait connu récemment, il aurait sans doute essayé de voir si le bout d'une queue blanche et touffue ne dépassait pas du fond de culotte de l'inspecteur. Au lieu de quoi, il tira une dernière bouffée de sa cigarette avant de l'écraser avec un soin délibéré dans le cendrier.

— Oh, mais je le sais déjà. J'aimerais simplement

l'entendre de votre bouche. Ce n'est pas du tout la même chose.

— Vous bluffez.

— Et pour quelle obscure raison blufferais-je ?

— Parce que, comme je m'y attendais, vous êtes dans une impasse, et vous espérez contre toute logique que je vais m'accuser moi-même.

— Allons, allons, soyez raisonnable. En brisant cette figurine sans valeur, vous avez reconnu avoir subtilisé le renard du casier où l'avait rangé Higashida avec les autres pièces à conviction, les vêtements de Kington, le contenu de ses poches, etc., et vous l'avez ensuite placé dans la chambre de Wilson pour le faire accuser.

— Je n'ai rien reconnu du tout. Je n'ai rien brisé. Vous ne pouvez rien prouver.

Takada se pencha et commença à ramasser un à un les fragments de la figurine pour les mettre dans sa poche.

— Asseyez-vous, inspecteur, dit Otani d'un ton posé. Je ferai le ménage moi-même.

Takada le regarda, puis se releva lentement et se laissa tomber dans son fauteuil, toute agressivité disparue de son visage.

— Je suis heureux d'apprendre que votre adjoint doit reprendre son poste demain. Il s'appelle Kuroda, c'est ça ? Cela signifie sans doute qu'il sera de retour à Sumoto aujourd'hui même et qu'il pourra vous remplacer aussitôt. De toute façon, je veux que vous rentriez chez vous et que vous y restiez jusqu'à nouvel ordre. Pour cela, nous pouvons employer la manière raisonnable ou la manière forte. Vous avez le choix. La manière raisonnable serait que vous preniez quelques jours de congé pour raison de santé. La manière forte consisterait pour moi à appeler Kobe pour demander au commandant de vous relever de vos fonctions en attendant une enquête disciplinaire. Et je puis vous assurer qu'il n'hésitera pas à le faire si je le lui demande.

— Quelle importance ? Je suis un homme perdu de toute façon.

Il prononça cette dernière phrase dans un murmure et eut soudain l'air d'un vieil homme brisé.

— Pas nécessairement. Fini, oui, je le pense, mais je ne cherche pas à vous briser, inspecteur. Un docteur compréhensif ne déformerait pas beaucoup la vérité en demandant l'avancement de votre retraite pour raisons médicales. Vous toucheriez vos droits. Et comme vous l'avez souligné, vous jouissez — que vous le méritiez ou non — du respect de nombreux amis ici, et je ne parle pas d'Horiuchi, qui a usé et abusé de vous. Soyez raisonnable, je vous en conjure. Rentrez chez vous et gardez tout cela pour vous jusqu'à ce que tout soit terminé. Je ne vous bouclerai que si vous m'y forcez.

Otani nettoya le sol des débris de céramique, puis demanda que la voiture de l'inspecteur soit avancée devant la porte pour le ramener chez lui. Il l'y accompagna, et expliqua à la dame inquiète mais digne qu'était Mme Takada que son mari s'était écroulé dans son bureau à la suite du surmenage des derniers jours. Otani lui suggéra d'appeler un médecin, mais ajouta qu'à son avis l'inspecteur avait simplement voulu en faire trop, et qu'il se rétablirait après une période de repos complet.

Mme Takada fut grandement soulagée lorsque le médecin quitta la maison deux heures plus tard, ayant confirmé le diagnostic improvisé d'Otani et administré un sédatif au patient.

— Quel homme charmant, ce policier de Kobe,

remarqua-t-elle en venant s'asseoir auprès de son mari avec son ouvrage de broderie.

Il ne parut pas l'entendre. Peut-être, songea-t-elle, dormait-il déjà.

Chapitre 16

Otani referma la porte coulissante derrière lui, alla droit vers la fenêtre de sa chambre et s'installa dans un des fauteuils, pris d'une forte envie de régler sa note sur-le-champ et de quitter le Tokiwa. Le propriétaire avait attendu son retour et lui avait infligé d'un ton geignard un long monologue confus.

Otani l'aimait de moins en moins. Toujours aussi visqueux et servile, Suekawa avait de plus fait preuve ce soir-là d'une sournoiserie qui avait laissé à Otani une impression de salissure et de dégoût, aussi bien envers Suekawa qu'envers lui-même. Non que ce répugnant personnage ait dit quoi que ce soit de consistant. Entrelaçant son discours de courtoisies emberlificotées, il avait expliqué que sa mère était une très vieille femme qu'il fallait réprimander quand elle perdait la tête, s'était excusé auprès de son honorable hôte du dérangement ainsi occasionné, et lui avait annoncé d'un air suffisant que lui, Suekawa, avait préparé un dîner dont il espérait qu'il ferait oublier à l'inspecteur le petit déjeuner dont il avait été privé ce matin-là.

Mais les petits yeux porcins de Suekawa, jamais au repos et ne quittant jamais tout à fait le visage d'Otani, avaient exprimé tout autre chose. Ils suggéraient en effet que Suekawa savait ou se doutait que sa femme avait fait des avances à l'inspecteur, et l'aubergiste prenait un plaisir pervers à essayer de deviner ce qui s'était ou non passé entre eux. Peut-être même, songea Otani, les avait-il espionnés dans la salle de bains. Suekawa était tout à fait le genre d'individu à percer des trous dans les cloisons, ce qui n'aurait posé aucune difficulté dans un bâtiment aussi ancien que le Tokiwa. Otani se dit également qu'il était fort capable d'être excité à l'idée que sa séduisante femme couche avec d'autres hommes, et même du genre à encourager de telles infidélités.

Il ne cessait de s'agiter dans son fauteuil. Il était 18 h 30. Il ne lui faudrait pas plus d'une ou deux minutes pour emballer ses affaires dans le furoshiki, et cinq autres pour payer sa note avant de se mettre à la recherche d'une autre auberge. Si on n'y préparait pas les repas, il trouverait facilement à manger dans un restaurant proche. Et, au pire, il pourrait toujours passer la nuit dans un fauteuil du commissariat. Plus il y pensait, et plus la perspective de passer une seule nuit de plus dans cette...

— Salut ! Regardez ce que je vous ai apporté.

Trop tard. Sa porte venait de s'ouvrir et Noriko apparut, deux énormes plateaux chargés de victuailles posés à côté d'elle. Lorsqu'elle eut disposé sur la table les plats de toutes formes et tailles, ils contemplèrent ce festin d'un air quelque peu effaré. Rien ne manquait : énormes portions de brème crue, *sashimi* de thon et de poulpe, délicat potage d'algues et de palourdes dans leur coquille, une langouste grillée comme celle qu'il avait tant appréciée le premier soir, un plat de légumes fumant et divers raviers pleins d'appétissants hors-d'œuvre. Il y avait également des mets plus rares : une part de viande découpée en petits cubes, une patate cuite au four dans une feuille d'aluminium, des morceaux de poireaux enveloppés de tranches de porc et, le plus surprenant, une bouteille, ouverte mais pleine, de Chivas Regal.

— A vrai dire, j'avais l'intention de quitter l'auberge, finit par annoncer Otani. Mais dans ces conditions... hum... mademoiselle Ito, que diriez-vous de m'aider à manger tout ça ?

Noriko lui décocha un sourire ravi, alla prendre un zabuton dans un coin et s'installa sans plus de manières devant la table basse. Elle avait justement apporté une paire de baguettes supplémentaire.

— Il s'est excusé pour m'avoir laissé partir ce matin sans petit déjeuner et m'a dit qu'il se rattraperait. Mais à ce point, c'en est ridicule.

— C'est drôle que vous parliez de partir, fit Noriko.

Elle inclina brièvement la tête, prononça le rituel *Itadakimasu !* et se mit à piocher dans les plats.

— Moi aussi, je m'en vais, ajouta-t-elle après deux bouchées. Dès ce soir.

— Vous avez une raison particulière ?

— Mme Kazama m'a téléphoné pour me le conseiller. Ensuite elle et Mori sont allés voir mes parents, qui m'ont à leur tour appelée. Un vrai branle-bas de combat. A propos, comment avez-vous trouvé la vieille dame ?

— Elle m'a énormément impressionné et je vous suis très reconnaissant de m'avoir conseillé d'aller la voir. Elle m'a... hum... dégrossi en ce qui concerne les renards ensorcelés. Mais je vous en prie, continuez, pourquoi elle et Mori — tout comme vos parents — insistent-ils pour que vous partiez d'ici ?

Noriko haussa les épaules et s'empara d'un morceau de steak.

— Ils pensent que je suis en danger ici. Ce ne sont que des superstitions absurdes, mais comme j'ai envie de changer d'air et qu'ils paraissent réellement inquiets, je préfère leur obéir. Vous voulez un peu de whisky ?

Otani secoua la tête.

— Non merci. En général, je ne bois du whisky que quand j'ai bouclé une affaire. J'ai transgressé cette règle l'autre soir, et vous savez très bien ce qui m'est arrivé... Je me suis retrouvé en train d'écrire des haïkus.

Noriko eut un bref sourire.

— Je m'en suis aperçue. Vous comptez vraiment partir aujourd'hui ?

— Bah, maintenant que nous avons attaqué cet extraordinaire *gochiso*, je ferais tout aussi bien de profiter de la nuit qui va avec... Mais c'est décidé, je m'en irai demain.

Il fit un galant petit geste de la main.

— Ça ne me dit rien de rester si vous n'êtes plus là.

Le visage menu de Noriko se figea et Otani craignit de l'avoir froissée une fois de plus, mais elle se détendit presque aussitôt.

— Ne vous méprenez pas, l'assura-t-il. Je n'ai pas encore tout résolu, mais, grâce à vos conseils et à votre aide, je commence à apercevoir la lumière au bout du tunnel. Et je pense vraiment que cet établissement deviendra tout à fait sinistre si vous n'y êtes plus.

— Quoi ? Même si ce vieux Suekawa continue à vous préparer des repas comme celui-ci et sa femme à vous tourner autour avec la langue pendante ?

Otani fit une petite grimace devant une telle crudité de langage, mais il resta silencieux et, au bout d'un instant, ce fut Noriko elle-même qui rougit.

— Désolée, j'oublie tout le temps que vous êtes un homme important. Ah, au fait, j'allais oublier. Il y a eu un message téléphonique pour vous, de la part de l'adjoint de l'inspecteur Takada. Kuroki ? Kuroiwa ?

— Kuroda.
— C'est ça, oui. Il vient de rentrer à Sumoto et veut venir vous voir ce soir.
— Vraiment ? A quelle heure a-t-il appelé ?
— Il y a quinze ou vingt minutes. Le téléphone a sonné alors que je m'apprêtais à vous monter tout ça. Je lui ai dit que vous alliez passer à table. « Bon, a-t-il dit, dans ce cas je serai là vers 19 h 45. »
— Vous ne vous souveniez pas de son nom. Vous ne connaissez donc pas l'inspecteur adjoint Kuroda ?
— Non. Le seul policier que je connaisse ici, à part vous, c'est Higashida.
— Je vois. Écoutez, ce ne sont pas mes affaires, mais...
— En effet. Si vous avez l'intention de parler de ce que je pense, vous avez raison, ce ne sont pas vos affaires. Je suis fort capable de me faire ma propre opinion sur notre sympathique fouineur local.

Le sourire de Noriko adoucit ce que sa réplique pouvait avoir de tranchant, et Otani lui jeta un coup d'œil avant de prendre un morceau de langouste.

Plus tard il devait regretter ce morceau chaque fois qu'il évoquerait ce moment, car il ne l'avait pas tout à fait porté à sa bouche lorsqu'un hurlement terrifiant se fit entendre dehors, interrompant son geste et paralysant son bras. Au même instant, la porte coulissante du *fusuma* à sa gauche se déforma sous une forte poussée, jaillit de ses rainures et s'écrasa avec fracas parmi les plats du dîner. Sur le seuil, telle une furie vengeresse, se tenait la vieille Mme Suekawa, bafouillant de manière incompréhensible et brandissant un long couteau de cuisine d'une main décharnée comme une serre.

Lorsque, une fraction de seconde plus tard, le cerveau d'Otani se remit à fonctionner, ce fut pour éprouver un sentiment de honte, Noriko ayant eu une réaction beaucoup plus rapide que la sienne. Elle avait en effet bondi près de la fenêtre et s'était emparée d'un tabouret qu'elle tenait à la manière d'un dompteur de cirque. C'était une défense tout à fait adéquate, qui la plaçait hors de portée du couteau. Otani faillit l'imiter, mais songea qu'on attendait avec raison une initiative plus ferme de sa part, un officier de police ayant l'expérience du combat à mains nues devait aisément pouvoir maîtriser une vieille folle deux fois moins lourde et presque deux fois plus âgée que lui.

Or cela se révéla plus difficile qu'il n'avait cru, en particulier parce qu'il glissa par deux fois, d'abord sur un morceau de poireau, puis sur les grumeaux du potage de palourdes qui s'était répandu sur le tatami. La vieille femme était d'autre part incroyablement leste et nerveuse, et Otani ne voulait pas la blesser. Ce fut pourtant une lutte inégale, en moins d'une demi-minute le couteau gisait dans un coin de la pièce, et Mme Suekawa se débattait, clouée sur un fauteuil par une prise impeccable qui lui immobilisait les bras.

Noriko reposa son tabouret et s'approcha prudemment, ramassant au passage un verre et la bouteille de whisky restée miraculeusement debout. D'une main tremblante, elle versa deux doigts d'alcool dans le verre et en avala d'un trait la moitié. Puis, toussant et postillonnant, elle tendit le reste à Otani.

— Non, merci, tout à l'heure, fit-il en secouant la tête. Allez chercher de l'aide, je vous prie.

Encore à demi suffoquée par sa rasade, Noriko fut incapable de prononcer un mot, mais elle agita la main de manière éloquente vers la porte défoncée. Tournant la tête, Otani découvrit, se découpant dans l'ouverture béante, un tableau saisissant formé par un homme d'une trentaine d'années arborant une expression ironique et vêtu d'un élégant uniforme de police, un Higashida bouche bée et, par terre, un tas informe qui n'était autre que le corps inconscient d'Etsuko Suekawa.

— C'est extraordinaire, dit l'inspecteur Kuroda.

Il venait de se présenter et on avait emmené la vieille dame, à présent secouée de sanglots pathétiques, dans une chambre voisine où Noriko avait vivement déroulé un futon pour qu'Otani puisse l'y déposer. Noriko était ensuite retournée dans la chambre d'Otani pour s'occuper d'Etsuko Suekawa.

— En vous voyant tous les trois elle s'est aussitôt évanouie. Comme Pavlova dans *la Mort du cygne*.

Otani n'avait pas la moindre idée de quoi parlait Kuroda, mais il l'avait apprécié dès le premier coup d'œil.

— Ah, la voici qui revient à elle. Vous vous sentez mieux, madame ?

A vrai dire, malgré son splendide kimono lie-de-vin, Etsuko Suekawa paraissait hagarde, comme ratatinée, et en tout cas malade. Noriko la conduisit vers un zabuton libre où elle se laissa tomber plutôt qu'elle ne s'y assit, puis elle considéra sa belle-mère d'un œil morne en ignorant les trois hommes présents dans la pièce.

— Higashida, dit Otani, allez donc chercher le fils de cette dame et dites-lui de monter. Trouvez aussi une serviette propre, une housse d'oreiller ou n'importe quoi pour envelopper ce couteau. Essayez de le toucher le moins possible.

Il jeta un bref regard à Noriko, toujours aussi pâle.

— Peut-être auriez-vous l'amabilité d'accompagner mon collègue pour lui donner un coup de main. Ensuite, vous nous attendrez tous les deux en bas.

Une fois que les jeunes gens eurent quitté la chambre avec l'empressement auquel s'attendait Otani, il se tourna vers Kuroda.

— Eh bien, je peux vous dire que je me sens infiniment soulagé de vous voir ici ce soir. Je suppose que vous ne vous attendiez pas à un retour de stage aussi agité, n'est-ce pas ?

Il fit un geste discret en direction d'Etsuko Suekawa, immobile et absorbée dans la contemplation de sa belle-mère allongée sur le futon. Celle-ci paraissait dormir, mais se retournait de temps à autre dans son sommeil en émettant d'étranges grognements.

— Je n'ai rien à ajouter à ce que je vous ai indiqué dans ma note, si ce n'est vous confirmer que vous remplirez les fonctions de l'inspecteur Takada pendant un certain temps.

Kuroda hocha la tête, un vague sourire flottant brièvement sur son séduisant visage. Otani s'en aperçut, mais poursuivit d'un ton impassible.

— Juste avant cette... hum, petite agitation, j'avais l'intention de quitter le Tokiwa dès ce soir. La servante que j'ai envoyée en bas avec Higashida n'habite pas ici, et je crois savoir que c'est sa dernière journée de travail. Elle s'appelle Noriko Ito. Et je suis le seul client de l'auberge. Aussi, à moins que nous ne prenions d'autres dispositions, seuls le propriétaire, sa mère et sa femme dormiront ici cette nuit.

— Nous devrions appeler un docteur pour examiner la patiente.

Otani acquiesça d'un hochement de tête.

— Vous avez raison, elle est certainement malade et doit être examinée. Si on lui administre un sédatif, elle se conduira probablement comme un ange pendant un certain temps. Mais d'un autre côté, il y a une demi-heure à peine, elle brandissait un couteau avec ce qu'il faut bien appeler des intentions criminelles. Quant à sa bru, elle a subi un gros choc. Je ne pense pas qu'il soit juste de lui demander de veiller sur sa belle-mère toute la nuit, et franchement je ne pense pas que nous puissions compter beaucoup sur le mari. C'est à vous de décider, bien sûr, puisque désormais vous êtes le seul maître à bord. Mais j'ai observé toute l'évolution de cette affaire, et le mieux, à mon avis, serait de faire admettre la mère dans une clinique et de la placer sous observation pendant quelques jours. Il faudrait des rapports de spécialistes et... Oui, qu'est-ce que c'est, Higashida ?

— Excusez-moi de vous déranger, inspecteur, mais vous avez deux visiteurs en bas.

— Des visiteurs ? Pour moi ? Qui sont-ils ?

— Eh bien, inspecteur, il y a Mori-sensei. L'avocat. Et Mme Kazama. Ils ont insisté pour vous voir, inspecteur. En fait...

— Écartez-vous, jeune homme ! s'exclama Mori en repoussant Higashida et en contemplant la scène qu'il découvrit depuis le seuil. Ha ! C'est bien ce que je pensais. Inspecteur adjoint Kuroda, n'est-ce pas ? Bonsoir, inspecteur. Et bonsoir à vous, inspecteur Otani. On dirait que vous avez réussi à écarter ce poltron de Takada. Bien joué !

Sur ce il se retourna et lança par-dessus son épaule.

— Entrez, madame Kazama, entrez ! Nous arrivons juste à temps. Il y a du travail pour vous, chère amie !

Chapitre 17

— Je n'en suis pas absolument sûr, déclara Otani d'un ton désinvolte, mais je crois qu'il s'agit de la Première Incantation à Fudo.

Malgré son état d'esprit confus, il savoura l'expression qui se peignit sur le visage de l'inspecteur adjoint Kuroda.

— Mme Kazama est un médium et exorciste très respecté, et elle est en train d'invoquer le seigneur Fudo avant de régler définitivement son compte au renard de Mme Suekawa.

De l'autre côté du couloir leur parvenait l'étrange voix presque inhumaine qui, ce matin, l'avait tant déconcerté lors de sa visite chez Mme Kazama. Kuroda et Otani s'étaient installés dans une chambre voisine après avoir été chassés sans ménagement par Mme Kazama. Pourtant, il trouvait à présent cette voix presque réconfortante et, par un simple effort mental, pouvait faire renaître la paix intérieure qu'il avait ressentie lorsque Mme Kazama lui avait pris la main.

Kuroda, mal à l'aise, s'agita sur son coussin et s'éclaircit la gorge.

— Avec tout le respect que je vous dois, inspecteur, je désapprouve fortement le fait de laisser Mori et cette

Mme Kazama sans surveillance avec ces deux femmes, et à ce propos...

— Et à ce propos vous commencez à vous demander si je n'ai pas perdu la tête à mon tour. Je ne vous en veux pas. Tout ce que vous savez sur cette affaire, c'est ce que je vous en ai dit dans ma note et ce que vous a raconté Higashida quand vous êtes venus me rejoindre dans cet asile de fous. Je vous demande pourtant de me laisser faire pendant une demi-heure encore, vous voulez bien ? J'en prends la totale responsabilité. Je vous promets que nous appellerons un docteur aussitôt après, et en attendant je vais essayer de vous éclairer un peu.

— Eh bien, je...

— Ne faites pas attention à ces grognements et à ces jappements. Même si nous n'avons pas la moindre idée de ce que fait Mme Kazama, je peux vous assurer qu'elle le sait très bien. Commençons donc par l'inspecteur Takada.

— Il n'est pas vraiment malade, n'est-ce pas ?

Otani regarda le visage intelligent de Kuroda et décida de lui parler en toute franchise.

— Pas au sens ordinaire. Mais j'ai dû le mettre sur la touche, et comme je vous l'ai laissé entendre il y a un instant, je doute qu'il reprenne bientôt son travail, s'il doit jamais le reprendre.

Il s'interrompit puis posa brutalement sa question.

— Saviez-vous que le prêtre Horiuchi lui versait de l'argent ?

Kuroda prit son temps pour répondre.

— Pas précisément, non. Je suis ici depuis moins d'un an et ce n'est qu'au cours des derniers mois que j'ai commencé à avoir des soupçons.

— Que savez-vous d'Horiuchi ? Vous avez assisté à une de ses fêtes ennichi, je suppose ?

— Oui, et je l'ai rencontré une ou deux fois. C'est un individu louche, tout comme certains de ceux qui viennent à ses fêtes.

— Vous voulez sans doute parler des voyous qui chapeautent les *tekiya*, les colporteurs et les camelots. Ils viennent de Kobe, où Horiuchi va souvent les voir, eux et leurs supérieurs. Quand il s'y est rendu l'autre jour, je l'ai fait suivre et on a pu prendre des photos où il entre dans une officine de yakusa. Takada était au courant et il acceptait de fermer les yeux contre rétribution.

— Fermer les yeux sur quoi, bon sang ? La fête mensuelle est très appréciée à Sumoto et les camelots y font de bonnes affaires, mais on n'y brasse pas des fortunes, que je sache ?

— Non, bien sûr que non. Mais cela a permis à un des gangs de Kobe de prendre pied sur l'île, ce qu'ils cherchaient depuis longtemps. Et avec leur appui, Horiuchi a pu organiser un racket de protection forcée et devenir de fait le patron yakusa d'Awaji.

Otani se tut un instant et prêta l'oreille.

— Tout va bien, on dirait qu'elle est en train de chanter un sutra. Euh... donc, oui, je ne veux pas parler simplement des contributions extorquées aux auberges, bars, restaurants et autres établissements de la station thermale, bien que cela représente un joli magot si, comme je le suspecte, Horiuchi a tissé sa toile sur l'ensemble de l'île. Non, je veux parler des grosses sommes soutirées à des hommes d'affaires qui répugnent à voir leur propriété incendiée ou leurs sales petits secrets exposés sur la place publique. Ils ne paient pas d'« assurance » et ne s'acquittent pas de l'« argent du silence », non, pas du tout : ils font de généreuses donations au sanctuaire Inari, qui jouit, comme vous le savez, d'un statut de fondation charitable. Tout ça dans les limites de la légalité, et comptabilisé dans leurs abattements d'impôts. Pour être honnête avec Takada, je pense qu'il ne se doutait pas de l'importance qu'avait acquise l'opération, et je suis certain que vous ne vous en doutiez pas non plus.

L'expression du visage de Kuroda convainquit Otani qu'au moins sur ce dernier point il ne s'était pas trompé.

— Le meurtre de l'Américain, reprit-il, a terrifié Takada parce qu'il était persuadé que c'était soit Horiuchi soit sa femme qui l'avait commis. Les Horiuchi fréquentaient beaucoup Takada, voyez-vous. Ils le sortaient, l'invitaient dans leur luxueuse maison. Ils flattaient sa vanité en lui faisant croire que c'était un type important. Mais n'étant pas aveugle, il a vite flairé que la femme d'Horiuchi avait une aventure avec Kington.

Kuroda hocha la tête.

— Si quelqu'un était au courant de la vie privée de Kington, c'était bien Takada. Il était littéralement obsédé par ces deux Américains. Il détestait l'idée même de leur présence sur l'île. Je sais qu'il les espionnait constamment, interrogeait les voisins sur leurs faits et gestes, etc.

— Ça ne me surprend pas. Bref, quand le corps de Kington a été découvert tout près de la maison Horiuchi, il en a aussitôt conclu que soit le prêtre avait découvert la liaison de sa femme et tué l'Américain — Horiuchi étant lui-même un xénophobe fanatique —, soit que c'était le fait de la femme d'Horiuchi, parce que son mari était sur le point de tout découvrir. Higashida vous a-t-il parlé de la figurine de renard retrouvée entre les mains de Kington ?

— Oui.

— Eh bien, Takada savait qu'elle avait été photographiée. Il a alors eu l'idée insensée de la subtiliser au commissariat et de la placer dans la chambre de l'autre Américain, pour détourner les soupçons du couple

Horiuchi et faire accuser Wilson. Il est difficile d'admettre qu'il ait tenté d'imputer ce crime à un innocent simplement pour se débarrasser de lui mais, à ce moment-là, je pense qu'il commençait à dérailler sérieusement. Réalisant un peu tard qu'on allait se poser des questions en constatant la disparition d'une pièce à conviction placée sous la garde de la police, il a fait l'acquisition d'une figurine semblable et l'a mise à la place de celle qu'il avait dérobée. Malheureusement pour Takada, la statuette était presque identique à la première, mais pas tout à fait. Quand il a réalisé que j'avais déjoué le subterfuge, il a craqué et s'est rangé à ma suggestion d'invoquer une dépression nerveuse pour demander une mise à la retraite anticipée pour raisons médicales.

— Je vois. Je vous remercie, tout me paraît beaucoup plus clair à présent. Mais si je vous suis bien, vous ne pensez donc pas que c'est un des Horiuchi qui a tué l'Américain ?

— Non, je ne le pense pas. Mais c'était une hypothèse qu'on ne pouvait négliger, ne serait-ce qu'à cause du chien.

— Le chien ?

— Vous ne connaissez pas Sherlock Holmes, à ce que je vois. Les Horiuchi possèdent un chien de garde très bruyant. Or, il n'a pas aboyé la nuit du meurtre. C'est donc que quelqu'un qu'il connaissait se trouvait dans les parages quand Kington a été tué...

— Venez vite, tous les deux ! Le moment de vérité approche ! l'interrompit Mori en gesticulant furieusement depuis le seuil.

Lorsque Kuroda et lui entrèrent dans la chambre à la suite de Mori, Otani sentit la chair de poule lui picoter les bras. Mme Kazama, assise sur son zabuton, contemplait d'un air serein l'alcôve du tokonoma où n'était suspendue qu'une banale peinture sur soie qu'Otani, distrait par toute cette agitation, n'avait pas remarquée auparavant. La peinture était médiocrement exécutée et inadaptée à la saison, mais il doutait que cela gêne le moins du monde Mme Kazama, qui chantait le Sutra du Cœur d'une voix dépourvue de l'accent nasal prononcé qu'il avait entendu précédemment, mais sur un rythme très entraînant. Ce qui en revanche provoqua ses frissons fut l'expression du visage de la vieille Mme Suekawa, qui se tenait raidement assise sur le futon installé par Noriko.

Ce n'était plus l'expression de folie meurtrière qui la dévorait lorsqu'elle s'était précipitée sur Noriko et l'inspecteur avec son couteau de cuisine. Son visage avait eu alors quelque chose d'effrayant, mais aussi de familier, alors qu'à présent le sourire affreusement rusé que dessinaient ses lèvres n'avait plus rien d'humain. Il conférait un aspect absolument incongru à un visage qui n'aurait dû être que celui d'une vieille femme inoffensive et plutôt pathétique. Elle jeta vers les deux policiers un bref regard dont Otani pensa plus tard qu'il exprimait une complicité presque amicale avec eux, puis se tourna d'un air assassin vers Mme Kazama.

— TU NE ME FAIS PAS PEUR AVEC TOUTES TES SORNETTES, ESPÈCE DE VIEILLE BIQUE !

La seule réaction de Tadao Mori au hurlement rauque qui venait de jaillir de la gorge de Mme Suekawa fut de pencher la tête pour l'observer avec intérêt par-dessus ses lunettes, alors qu'Otani et Kuroda ne purent réprimer un mouvement de recul.

— TU N'Y CONNAIS RIEN ! reprit alors la voix. PERSONNE NE T'A SONNÉE. DÉGAGE LE PLANCHER ! VA TE FAIRE FOUTRE !

Cette fois, Mme Kazama interrompit sa mélopée et jeta un coup d'œil à la silhouette frémissante assise sur le couchage.

— Ah ! ah ! nous y sommes presque, pas vrai ? fit-elle. Bon, il me reste encore quelques questions à te poser, mais, en attendant, surveille ton langage. Nous ne supporterons pas de telles grossièretés ici.

— SURTOUT PAS DEVANT TES CHERS AMIS, HEIN ? NI EN FACE DE CE VIEUX RAPIAT !

Mori, comprenant que cette dernière imprécation le visait, sourit d'un air épanoui, mais Mme Kazama rabroua l'esprit qui s'exprimait par la voix de sa patiente.

— Attention, je t'ai déjà prévenu une fois. Si tu continues, tu auras de mes nouvelles. Bon, maintenant nous n'avons pas toute la nuit à te consacrer, alors poursuivons. Tu as été comme un coq en pâte ici depuis des années, alors pourquoi ce comportement, tout d'un coup ?

— Elle a raison, tu sais, il ne faut pas parler comme ça à cette dame.

Un bref instant, le visage de Mme Suekawa redevint celui d'une vieille apeurée à la voix chevrotante. Mais soudain ses traits se raidirent et la voix rauque et pleine de fiel reprit le dessus.

— TU FERAIS MIEUX DE TE TAIRE, TOI AUSSI, VIEILLE SORCIÈRE ! UN COQ EN PÂTE, TU DIS ? QUELQUES MIETTES VOLÉES À LA CUISINE QUAND CE BÂTARD AVAIT LE DOS TOURNÉ, OUI ! ET TU APPELLES ÇA UN FILS ? IL PENSAIT QU'À PELOTER LE CUL DE CETTE PETITE GARCE JUSQU'À CE QU'ELLE LUI BALANCE SON GENOU DANS LES COUILLES ! GRAND BIEN LUI FASSE !

Otani considéra la vieille dame avec un mélange de pitié et de fascination. On eût dit qu'elle était littéralement possédée, qu'elle n'était pour rien dans les insanités que sa bouche proférait, à telle enseigne que durant ses courts moments de lucidité où elle réalisait ce qui lui arrivait, elle protestait d'une voix faible. Mme Kazama, qui ne paraissait pas satisfaite de la manière dont se déroulait la séance, se retourna vers la peinture sur soie et se lança de nouveau dans ce qu'Otani savait à présent être l'invocation à la divinité Fudo. Le renard, puisque aussi bien il semblait légitime de s'y référer ainsi, était mécontent. Toutes les quelques secondes, il parvenait à couvrir la voix pourtant puissante de Mme Kazama en hurlant quelque obscénité, chantant même à un moment un couplet entier d'une chanson paillarde. Bientôt, toutefois, il commença à exprimer son malaise grandissant.

— ÇA VA ! ÇA VA ! ÇA VA ! ARRÊTE ÇA UN MOMENT !

Mme Kazama poursuivit quelques instants avant d'interrompre son chant.

— Bon, d'accord, mais seulement si tu te conduis convenablement. Si tu obéis, le seigneur Fudo te laissera peut-être repartir chez toi à Izumo. Mais avant, je veux que tu me dises la vérité. Tu avais une maîtresse généreuse, mais ça ne t'a pas empêché d'importuner tous ceux qui entraient ici, n'est-ce pas ?

Otani sentit le regard perçant de la possédée se poser sur lui, puis sursauta quand l'horrible et impitoyable voix s'adressa à lui.

— J'AI BIEN RIGOLÉ AVEC CELUI-LÀ, EN TOUT CAS ! ET AUSSI AVEC LA GROSSE TANTE !

Malgré son irritation évidente, Mme Kazama semblait garder le contrôle de la situation.

— Pour la dernière fois, *ça suffit !* Nous savons tous que c'est toi qui as tué ce pauvre jeune homme, mais ce que je voudrais savoir, c'est qui va payer pour ça, hein ?

Alors qu'elle réprimandait le renard, Otani sentit brusquement, mais pour une tout autre raison, un frisson glacial le parcourir, et il sortit dans le couloir en tirant Mori par la manche.

— Où est-elle ? demanda-t-il à voix basse à l'avocat.

— Ce n'est pas le moment de m'embêter avec vos questions ! Nous sommes sur le point de découvrir ce qui vous intéresse tant, et vous... Où est qui ?

— La belle-fille, bougre d'imbécile ! Etsuko ! Depuis quand est-elle sortie de la pièce ? Merde, pourquoi l'avez-vous laissée filer ?

Mori dégagea théâtralement sa manche que tenait toujours Otani.

— Vu les grossièretés que nous venons d'entendre proférer à notre adresse, je ne relèverai pas la façon inqualifiable dont vous venez de me parler. Cela dit, je ne me souviens pas du moment où la jeune Mme Suekawa a quitté la chambre. Beaucoup de choses se sont passées en même temps, et d'ailleurs je vous ferai remarquer que vous-même venez seulement de vous apercevoir de sa disparition. Pourquoi me demander à moi où elle est allée ? Elle s'est peut-être retirée dans sa chambre pour se reposer. Elle a passé des moments très éprouvants et...

Mori laissa sa phrase en suspens lorsqu'il vit Otani se précipiter dans les escaliers, puis il haussa les épaules et rentra dans la pièce où Mme Kazama poursuivait son interrogatoire d'un renard de plus en plus maussade et taciturne.

— Non, pas du tout, inspecteur, insista Higashida. Mlle Ito et moi sommes restés dans cette cuisine depuis que nous sommes descendus. Nous aurions certainement entendu la porte coulisser si elle était partie par là. Et nous ne sommes restés que quelques minutes dans votre chambre avant de descendre. Juste le temps de rassembler vos affaires. Nous les avons posées dans l'entrée, enveloppées dans votre furoshiki.

Otani claquait des doigts avec exaspération. Tous trois venaient de fouiller l'auberge entière sans trouver la moindre trace d'Etsuko Suekawa.

— Vous dites que son mari est sorti ? Comment a-t-il pu tout ranger aussi vite après le dîner pantagruélique qu'il m'a préparé ?

Sans attendre la réponse il se tourna d'un bloc vers Noriko.

— Vous m'avez bien dit qu'il allait tous les soirs dans le même bar ?

— Presque tous les soirs. Ça m'étonnerait qu'il n'y soit pas.

— Higashida, vous connaissez ce bar, je suppose. Filez là-bas au trot et ramenez-le immédiatement. S'il refuse de vous suivre, arrêtez-le. En cas de besoin, demandez du renfort au poste de police le plus proche. Ou plutôt non, attendez une minute. Avant d'y aller, appelez le commissariat et demandez à ce qu'on nous envoie un docteur et une ambulance. Un docteur expérimenté de préférence, qui connaisse les symptômes de la démence sénile. Et donnez-moi le couteau avec lequel nous a menacés la vieille.

Chapitre 18

— Vous savez, on a rarement la satisfaction d'élucider tous les éléments d'une affaire, dit Otani. Mais nous avons de bonnes chances de retrouver d'ici peu la trace d'Etsuko Suekawa.

Les deux hommes descendaient à pas lents la rue commerçante. Kuroda arborait une élégante veste de sport sur un pantalon de whipcord, tandis qu'Otani était vêtu d'un costume discret sous un imperméable ouvert dont les pans flottaient autour de lui. Il ne faisait pas vraiment froid, mais il avait pensé qu'un vêtement supplémentaire ne serait peut-être pas de trop en fin de journée.

Kuroda se gratta le menton.

— On peut toujours espérer, inspecteur, mais des dizaines de milliers de Japonais « s'évaporent » chaque année, et bien peu réapparaissent. Nous avons prévenu tous les postes de police d'Awaji, nous nous sommes renseignés auprès de toutes les compagnies de ferries, dont évidemment celle d'Iwaya. En vain. Qui va faire attention à une simple ménagère parmi les centaines de milliers d'autres qui prennent chaque jour un ferry ? Elle est peut-être à l'autre bout du Japon à l'heure qu'il est. Heureusement, la belle-mère est entre de bonnes mains. C'est généreux de la part de Mori de lui payer une chambre individuelle.

— Oui. C'était intéressant, n'est-ce pas ? Le rapport du docteur, je veux dire.

— Fascinant, oui. On peut dire que Mme Kazama a fait du bon travail. Je suis impatient de faire plus ample connaissance avec elle. Ah, je voulais vous dire que Mori m'avait appelé pendant que vous rédigiez votre rapport cet après-midi.

— Tiens ? Que voulait-il ?

— Il a mis un moment à me le dire, mais il voudrait porter à notre connaissance certaines « dispositions légales ». Ce sont ses propres termes. Je lui ai dit de passer nous voir demain matin à la première heure. Je sais que vous avez l'intention de prendre le ferry de midi, mais vous aurez tout le temps de l'entendre avant que nous vous raccompagnions à Iwaya. J'aimerais que vous soyez là, pour connaître vos réactions.

— Je vous remercie. Ce sera avec plaisir.

— Il a ensuite parlé de façon assez amusante de Mme Kazama. Elle est la veuve d'un docteur, à ce qu'il semble. Elle développe ses talents spirituels depuis des années. Une femme éduquée, d'après Mori. Elle a suivi les cours d'une école de missionnaires anglais à Tokyo aux alentours de la Première Guerre mondiale. Elle a confié à Mori que cette expérience l'avait définitivement vaccinée contre le christianisme et la cuisine anglaise. Ah, à propos de missionnaires, Gary Wilson est retourné à Tokyo. L'ambassade américaine nous a dit qu'il leur avait confié son passeport jusqu'à ce que nous l'autorisions officiellement à quitter le pays.

Otani sourit de bon cœur. Plus il découvrait Kuroda, plus il appréciait son style décontracté.

— Je vais vous dire une chose, Kuroda. Je regrette

beaucoup que vous n'ayez pas été présent durant ces quelques jours. Higashida est un excellent élément et je n'aurais pas abouti à grand-chose sans son aide. Mais n'ayant pas l'autorité hiérarchique suffisante, il se trouvait dans une position très inconfortable face à Takada.

— Vous allez apprécier de pouvoir diriger votre propre service, inspecteur. Je suis moi-même tout excité à l'idée de commander la police de Sumoto, même si c'est seulement pour une semaine ou deux.

— A mon avis, attendez-vous plutôt à ce que ce soit quelques mois, et suivant la façon dont vous vous acquitterez de cette tâche, vous avez de bonnes chances d'être promu. Je représentais le commandant au cours de la dernière réunion du comité pour la sécurité publique de la préfecture de Hyogo, et l'un des points essentiels qui y ont été soulevés concernait justement la pénurie d'officiers expérimentés au niveau local.

— Est-ce la raison pour laquelle vous avez été nommé à Nada, inspecteur ? J'ai été un peu étonné quand vous me l'avez appris, car vous faites bien partie de l'Agence de police nationale, n'est-ce pas ? Je croyais que les officiels gouvernementaux comme vous n'étaient nommés qu'à des postes de responsabilité au niveau préfectoral ?

— C'est vrai la plupart du temps, mais il existe des exceptions ici et là. Ah, nous voici arrivés.

Le torii imposant qui marquait l'entrée du sanctuaire Inari se profilait en noir sur le ciel d'ardoise du crépuscule.

— J'aimerais savoir comment vous allez vous y prendre avec Horiuchi et ses acolytes.

Kuroda s'immobilisa à une vingtaine de mètres de l'entrée et resta un instant sans rien dire. Deux hommes vêtus de tuniques *happi* tombant sur des pantalons ordinaires, le front ceint d'un morceau de tissu noué sur la nuque, s'affairaient auprès d'énormes lanternes en papier fixées aux montants du torii, lanternes qui s'allumèrent tour à tour. Sur celle de gauche, tout comme sur les tuniques des deux hommes, figuraient les deux caractères chinois pour « Inari », tandis que celle de droite portait les deux caractères signifiant « sanctuaire ». Des participants se pressaient déjà à la porte du temple, et la soudaine illumination des lanternes révéla une scène animée.

— Prudemment, répondit enfin Kuroda. Avec tout le respect que je vous dois, inspecteur, je ne prendrai aucune mesure avant d'avoir soigneusement vérifié votre théorie, ce qui risque de prendre un certain temps. Avoir la conviction que Horiuchi est un voyou ne sert à rien si l'on ne possède pas une preuve solide pour l'arrêter. Et le fait qu'on verra sûrement quelques truands ici ce soir ne prouve rien. Ils ne manquent aucune fête ni aucun marché d'une certaine importance. En principe, ils ne causent pas de désordre. Au contraire. Il est dans leur intérêt que tout se passe aussi bien que possible. Non, la seule chose que je puisse faire, franchement, c'est d'ouvrir l'œil.

— Vous avez parfaitement raison. Les tekiya font régner l'ordre dans les foires depuis des siècles. Ce sont de grands partisans de la loi et de l'ordre, et le pourcentage qu'ils demandent aux camelots est généralement raisonnable. Mais ce n'est pas tout à fait ce que je voulais dire. En soi, cet ennichi mensuel ne représente aucun danger, j'en suis sûr. Et il est probable qu'Horiuchi ne se montrera même pas ce soir. En revanche, et quoi que vous décidiez à l'encontre d'Horiuchi, vous allez devoir prendre très vite des mesures contre sa femme.

Kuroda ne répondit pas tout de suite, et Otani ne le pressa nullement tandis qu'ils traversaient le terrain extérieur du temple, en proie ce soir-là à l'animation et au brouhaha d'un mélange de marché et de fête foraine. Malgré les deux centaines de chalands déjà accourus, il était encore relativement aisé de se déplacer, mais de nouveaux arrivants se pressaient sous le torii. On voyait des promeneurs seuls, beaucoup de couples, des mères accompagnant leurs enfants et même quelques familles au complet. Des enfants couraient de tous côtés, criant d'excitation, la plupart déjà encombrés de ballons, de petits jouets en plastique sans valeur, de grosses sucettes au caramel. Apercevant une fillette qui, les yeux écarquillés, mordait délicatement dans une barbe à papa plus grosse qu'elle, Otani eut un petit pincement de cœur nostalgique : c'était exactement comme ça qu'Akiko mangeait sa barbe à papa quand elle était petite.

L'obscurité n'était pas encore tout à fait tombée, mais chaque étalage était brillamment éclairé, et la vive lueur qui régnait sur la scène donnait l'impression qu'il faisait nuit depuis longtemps. L'éclairage était en grande partie assuré par des guirlandes d'ampoules blanches ou colorées, mais on voyait partout de vieilles lampes au kérosène qui brûlaient en sifflant, ainsi que leurs versions modernes au butane. Les camelots, qui s'efforçaient de convaincre d'éventuels clients, n'avaient pas l'air d'escrocs, pas plus qu'ils ne paraissaient intimidés par des gangsters. Bien au contraire, tout le monde semblait passer une excellente soirée. Otani et Kuroda traversèrent rapidement une rangée d'étalages de vêtements d'enfants et de produits ménagers bon marché, et lorsqu'ils arrivèrent au bout, Otani stoppa net et renifla l'air autour de lui.

— Par ici, dit-il. J'adore les nouilles frites.

Mais quand ils parvinrent aux échoppes de nourriture, la variété des mets proposés et les odeurs appétissantes qui lui chatouillaient les narines le firent longuement hésiter. Il resta un moment perplexe devant les sèches grillées dans la sauce de soja, les brochettes de poulet et les nouilles frites, qu'une jeune femme grassouillette, couverte de sueur et dotée du plus charmant sourire qui soit, faisait sauter dans une vaste bassine. En attendant de se décider et pour faire patienter sa faim, il commanda quelques brochettes de poulet et constata alors avec une certaine surprise que son compagnon avait demandé une énorme et presque choquante saucisse rosâtre, aspergée de ketchup et plantée sur un bâtonnet. Il aurait pourtant juré que Kuroda était un homme plus raffiné.

— Je suppose qu'un dîner vous attend à l'auberge, ce soir, fit Kuroda après que les deux convives eurent mâché quelques bouchées. j'espère que vous vous plaisez dans votre nouvel établissement.

— Non, je leur ai dit que je ne prendrai pas de dîner ce soir non plus. Ça ira très bien pour une nuit ou deux, je vous remercie. Un peu moins douillet que le Tokiwa, mais les gens sont agréables et surtout l'endroit ne paraît pas sous la coupe d'un renard ensorcelé... Cela dit, je suis heureux de rentrer chez moi.

— J'aimerais vous demander quelque chose, inspecteur.

Kuroda entraîna Otani vers un coin d'ombre.

— Je repense à ce que vous disiez tout à l'heure à propos de la femme d'Horiuchi. Êtes-vous vraiment sûr qu'elle n'est pas coupable ?

— J'en suis convaincu. C'est une femme intelligente et une excellente comédienne, et vous aurez du mal à la faire craquer. Mais vous avez le Polaroïd où elle est avec Craig Kington chez elle. Une photo qui n'a rien d'indécent en elle-même, mais tout de même très compromettante. Elle ne pourra pas nier avoir été en termes intimes avec lui. C'est pourquoi je pense qu'elle aura l'intelligence d'accepter un marché si vous lui faites comprendre que son mari n'a pas obligatoirement à être au courant de cette liaison. A mon avis, elle finira par admettre qu'elle avait l'habitude, même quand son mari était là, de sortir de chez elle le soir venu — peut-être sous prétexte de promener le chien — afin de rejoindre Kington, qu'elle n'hésitait pas à faire entrer pendant les absences fréquentes de son mari. Je suis à peu près sûr qu'Etsuko Suekawa a découvert leur manège, et que, dévorée par la jalousie, elle a suivi Kington et l'a tué dès que le couple s'est séparé. Enfin, je pense que dès que Naomi Horiuchi a appris le meurtre, elle a appelé Takada, l'ami de la famille, en le suppliant d'éviter que son nom soit mêlé à cette affaire.

— Je vois. Et vous pensez qu'une des raisons pour lesquelles elle vous est apparue si calme et si distante par rapport à tout ça, c'est — en plus de ses talents de comédienne — qu'elle était en quelque sorte soulagée ? Parce qu'elle commençait à se sentir dépassée par son histoire avec Kington ?

— Peut-être bien, oui.

— Très bien, mais je ne vois toujours pas pourquoi vous mettez le meurtre sur le compte d'Etsuko Suekawa. Si vous avez deviné juste et que Mme Horiuchi était rentrée chez elle quand le crime a été commis, celui-ci n'a eu aucun témoin. Kington lui-même n'a peut-être pas su qui le tuait.

— Allons, allons ! Elle était là quand Mme Kazama a entrepris d'exorciser la grand-mère. Comprcnant que le renard prononcerait tôt ou tard son nom, elle s'est glissée hors de la chambre et s'est enfuie pendant qu'elle le pouvait encore. Vous avez entendu comme moi son pauvre type de mari nous raconter qu'elle l'avait nargué ouvertement en lui vantant les performances de Kington au lit. Vous avez raison, on ne la retrouvera peut-être jamais, mais si nous la pinçons, elle avouera, croyez-moi.

Kuroda toussota d'un air désapprobateur.

— Tant mieux si elle le fait, mais il reste un petit problème, inspecteur.

— Vraiment ? Et quel problème ?

— Eh bien, voyez-vous, le renard — bon sang, voilà que j'en parle comme vous, à présent —, le renard n'a pas prononcé le nom d'Etsuko Suekawa. Pas même de façon indirecte. Vous n'avez pas assisté à la fin, c'est vrai, mais il a continué à hurler, à crier des insultes et à faire un bruit de mitrailleuse jusqu'à ce que Mme Kazama fasse mine de le poignarder en tendant les doigts dans sa direction, et à ce moment il a émis une sorte de grognement et a dit : « J'en ai assez de vous tous. Je m'en vais dans un endroit où on m'appréciera. » Mori m'a expliqué que c'était ce geste avec les doigts tendus — il a appelé ça le *mudra* du sabre — qui avait provoqué cette conclusion. Après ça, la vieille Mme Suekawa a paru en pleine forme. Elle a remercié Mme Kazama du fond du cœur.

— Comme une *mitrailleuse*, vous avez dit ?

— Oui, vous savez, comme quand les gosses jouent à la guerre, ta-ka-ta-ka-ta-ka-ta-ka...

— Ça alors, quel idiot ! Non, pas vous, *moi*... s'empressa d'ajouter Otani en voyant Kuroda se raidir. Je me suis joliment trompé ! Mais dans ce cas, où est-elle donc passée ?

— Je suis désolé, mais je ne vois pas très bien ce que...

— Kuroda, vous avez certainement deux ou trois hommes en civil ici ce soir ?

— Oui, deux, à part moi.

— Allez les chercher et rejoignez-moi chez les Horiuchi. Vous savez où ça se trouve ? Dans l'enceinte intérieure, au bout du chemin qui contourne le temple par la gauche.

Sans attendre, Otani se glissa entre un vendeur de pop-corn et un marchand de poissons rouges, puis se hâta en direction des marches de pierre. Elles étaient léchées par les lumières de la foire, mais les yeux d'Otani étaient accoutumés à l'éclairage violent des étalages, de sorte qu'il trébucha et tomba au pied de la renarde qui l'avait tant impressionné quelques jours auparavant. Mais elle ne provoquait plus aucune terreur en lui. Il se releva, épousseta ses manches et repartit par le sentier qui passait devant l'administration du temple.

— Tiens ! tiens ! tiens ! C'est ce fouineur d'Otani !

En entendant la voix qui provenait d'une épaisse zone d'ombre noyant l'arrière du bâtiment, Otani s'immobilisa et s'efforça de répondre sans laisser transparaître son anxiété.

— Je suis heureux d'être arrivé à temps, Takada. Si vous portez une arme, jetez-la à terre. Mes assistants seront ici d'une seconde à l'autre.

— Les armes sont bruyantes. Je préfère le couteau, comme vous semblez l'avoir compris. Et je connais chaque centimètre carré de cet endroit. Je vais conclure un marché avec vous, et si vraiment vos renforts arrivent, ce dont je doute beaucoup, je me volatiliserai et... *arrgh !*

Un cri où se mêlaient surprise et douleur l'empêcha de terminer sa phrase.

— Vous ne ferez rien du tout, inspecteur. Vous êtes en état d'arrestation.

Otani poussa un soupir de soulagement en entendant la jeune voix ferme, le cliquetis du couteau tombant à terre et le claquement des menottes.

— Higashida ! Grâce au ciel vous étiez là !

— J'aurais pu ne pas y être, répliqua le jeune policier d'un ton offensé. On dirait que vous m'avez oublié depuis le retour de l'inspecteur Kuroda. C'est Noriko-chan qui a insisté.

— Je... je suis vraiment désolé, Higashida. Je ne voulais pas vous donner cette impression. Mais comment avez-vous fait pour...

— Mori-sensei nous a conseillé de surveiller la maison Horiuchi et d'empêcher le... hum... prisonnier d'y entrer. Noriko-chan et moi-même faisons le guet ici depuis ce matin avec une paire de jumelles. Nous vous avons vu arriver, puis nous avons repéré le... l'accusé qui vous suivait. Nous ne l'avons pas quitté des yeux depuis.

Noriko à son côté, Higashida poussa devant lui Takada, qu'Otani considéra d'un air dégoûté lorsqu'il fut sorti de l'obscurité.

— Dire que je voulais vous donner une chance ! Bonsoir à tous, et merci beaucoup, mademoiselle Ito.

A cet instant apparurent Kuroda et ses deux agents. Otani se tourna vers l'inspecteur adjoint.

— Le renard avait bien désigné le coupable. Il ne faisait pas un bruit de mitraillette, il disait et répétait « Takada-Takada-Takada ». Mori-sensei l'avait compris avant moi.

Chapitre 19

— C'est pourquoi, conclut Tadao Mori avec emphase, j'ai décidé, au vu des circonstances, de racheter l'hypothèque et de récupérer le Tokiwa.

— Vous allez tenir une auberge ?

Mori jeta un regard dédaigneux à Otani.

— Dois-je déduire, d'après le ton incrédule de votre remarque, que vous doutez de mes capacités de réussir dans une telle entreprise ? Vous refuseriez-vous à me créditer d'une intelligence supérieure à celle du méprisable Suekawa, qui pourtant a fait tourner son établissement pendant de longues années ?

Kuroda ne fit aucun effort pour réprimer un sourire.

— Vous venez de nous dire que sa gestion était lamentable, fit-il remarquer. Vous nous avez expliqué qu'il n'avait cessé de vous emprunter de l'argent jusqu'à ce que toute la propriété soit hypothéquée et qu'il soit lui-même endetté jusqu'au cou. Vous nous avez bien fait comprendre qu'à présent l'affaire vous revenait, que vous étiez libre d'en faire ce que vous vouliez et que nous n'avions pas à nous en mêler. En revanche, j'ai appris que Suekawa a l'intention de partir de Sumoto. Et même de quitter Awaji.

Il se tourna vers Otani.

— Y voyez-vous une objection, inspecteur ?

— Eh bien, vous pourriez peut-être le retenir quelques jours pour vérifier qu'il n'est pas impliqué dans les opérations d'Horiuchi, mais, en ce qui concerne le meurtre, je ne pense pas qu'il y ait pris une part quelconque. Quand il quittera la ville, il serait judicieux de l'avoir à l'œil. Il pourrait bien vous mener jusqu'à sa femme.

— Je ne le crois pas, déclara Mori d'un ton péremptoire.

— Vous semblez bien sûr de vous.

— Je le suis. Il y aura divorce.

Otani le regarda attentivement.

— Je sais que vous et feu votre épouse avaient arrangé le mariage du couple Suekawa il y a de nombreuses années. C'est Mme Suekawa elle-même qui m'en a parlé. Je suppose que depuis vous avez suivi de près l'évolution de leurs relations.

— Bien sûr. C'est le devoir d'un intermédiaire. Et puis, Etsuko Suekawa étant une lointaine cousine, elle a confiance en moi. Elle songe depuis longtemps au divorce, et les événements de cette semaine l'ont rendu inévitable.

Les trois hommes se trouvaient dans l'ex-bureau de Takada, où Kuroda s'était emparé sans hésitation du fauteuil de son supérieur, faisant ainsi comprendre sans ambiguïté à Otani qu'il était résolu à prendre les choses en main.

— Dans l'état actuel des choses, intervint-il, n'oublions pas que Mme Suekawa a disparu dans des circonstances suspectes. Son futur statut matrimonial me préoccupe beaucoup moins que le fait qu'elle soit recherchée pour interrogatoire. D'après ce que vous venez de nous dire, il semblerait possible qu'elle tente de vous contacter. Si cela devait être le cas, je vous conjure de lui conseiller de se présenter à la police.

— Pourquoi ? Auriez-vous l'intention de l'inculper ? Pour complicité avec Takada, peut-être ? Je vous prie de ne pas perdre de vue que je suis un homme de loi. Et en tant que tel, je ne vois pas, maintenant que vous avez arrêté votre meurtrier et qu'il est passé aux aveux, pourquoi Mme Suekawa devrait se présenter pour être questionnée.

Otani se redressa sur son siège.

— Vous permettez, Kuroda ? Merci. Monsieur Mori, je sais bien que si vous ne vous étiez pas mêlé, de manière fort irrégulière au demeurant, de l'action de la police, Takada aurait très bien pu me tuer ou me blesser grièvement hier soir. Je vous en suis reconnaissant, et il serait fort mal venu de ma part de vous le reprocher aujourd'hui. Il n'en reste pas moins que Mme Suekawa doit en effet répondre à de nombreuses questions. Vous aussi, d'ailleurs.

— Je ne peux pas parler au nom de Mme Suekawa, mais, en ce qui me concerne, je me livrerai avec plaisir à toute demande d'éclaircissement que vous et votre collègue voudrez bien formuler.

Kuroda sourit et ouvrit les mains en s'adressant à Otani.

— Allez-y, inspecteur, je vous en prie. N'étant au courant de cette affaire que depuis quarante-huit heures, j'ai moi-même grand besoin qu'on m'éclaire.

— Je vous remercie. Monsieur Mori, je n'ai pas assisté aux derniers moments de la séance d'exorcisme. Je n'ai donc pas entendu le renard répéter le nom de Takada de telle manière que M. Kuroda ici présent a eu l'impression que l'animal s'amusait à imiter le bruit d'une mitraillette. Vu son comportement antérieur, il aurait très bien pu se livrer à une telle facétie. Or, vous avez aussitôt compris qu'il prononçait le nom de l'inspecteur Takada.

— Oui, en effet, et dès cet instant, tout est devenu clair comme de l'eau de roche. J'ai compris comment et pourquoi le renard s'était servi de Takada pour accomplir le meurtre. Takada rendait de fréquentes visites aux Horiuchi, et donc le chien, qui le connaissait, n'aboyait plus à son arrivée. Takada était en admiration devant Mme Horiuchi, bien que je doute fortement qu'elle ait pu donner la moindre parcelle d'espoir à un tel imbécile. L'inspecteur détestait par ailleurs l'idée même de la présence de deux étrangers à Sumoto.

— La première fois que vous m'avez parlé de l'inspecteur Takada, vous l'avez qualifié de bouffon, la seconde fois de poltron. Voilà que vous le traitez d'imbécile. Ce ne sont pas là des termes qui me paraissent convenir à un assassin.

Mori regarda alternativement les deux policiers pardessus ses verres de lunettes.

— Le pitoyable Takada mérite chacune de ces épithètes et beaucoup d'autres. Mais c'est surtout sa grande faiblesse de caractère qui en a fait le véhicule idéal de la volonté du renard.

— Vous croyez réellement à ce renard, n'est-ce pas ? fit Kuroda en considérant Mori avec un étonnement sincère.

— J'y crois dur comme fer, jeune homme, et sachant que vous étiez présent au moment où Mme Kazama a finalement réussi, avec l'aide du seigneur Fudo, à le réexpédier à Izumo, je suis stupéfait de votre scepticisme. Je puis vous assurer que je n'aurais jamais envisagé de récupérer le Tokiwa tant qu'il était hanté par l'esprit du renard.

Otani fit une nouvelle tentative.

— Je m'excuse, sensei, mais je n'ai toujours pas compris pourquoi le renard en voulait tant à Craig Kington.

— Pour un homme de votre intelligence, inspecteur, vous pouvez parfois vous montrer étonnamment obtus. Comme vous le savez, l'Américain était coureur. Étant la plupart du temps sur le qui-vive à travers les yeux de la vieille Mme Suekawa, le renard savait que Kington était venu au Tokiwa et avait entrepris de séduire Etsuko, femme passionnée et frustrée. Peut-être le renard était-il au côté d'Etsuko quand elle se rendait chez le jeune homme pour de prétendues leçons particulières. Mais surtout, le renard savait que le couple Suekawa était dans une situation instable, et qu'Etsuko risquait de perdre la tête pour Kington, voire de s'enfuir avec lui. Malgré toute sa perversité, le renard se sentait certaines responsabilités envers la famille qui l'hébergeait. C'est pourquoi il a décidé que Kington devait être éliminé. Inutile de dire qu'il a passé de longues heures à errer la nuit à proximité du sanctuaire Inari ; c'est ainsi qu'il a pu voir à plusieurs reprises Kington dans les parages immédiats de la maison d'Horiuchi, et Takada qui le suivait pour l'espionner. La suite est évidente.

— Pas tout à fait, objecta Otani. Quand j'ai compris que ce que M. Kuroda ici présent avait entendu était en réalité le nom de Takada, j'en ai conclu aussitôt, comme vous, que Takada avait très bien pu tuer l'Américain, et qu'il l'a en effet certainement tué. Je me suis dit ensuite qu'ayant eu le temps de méditer sur sa fâcheuse situation, il lui viendrait peut-être l'idée de tuer aussi le prêtre Horiuchi. Parce que Horiuchi n'est pas seulement responsable de sa chute, c'est aussi le seul capable de dévoiler l'étendue de la corruption de Takada. Ce qui explique d'ailleurs qu'il ait essayé de m'empêcher d'interroger Horiuchi. J'en suis arrivé à la conclusion qu'il ne tarderait pas à mettre son projet à exécution dès que les effets du sédatif que lui avait administré le docteur se seraient résorbés. Mais ce que j'aimerais beaucoup savoir, c'est pourquoi *vous* pensiez qu'Horiuchi était menacé par Takada, surtout après que le renard a été maté et renvoyé à Izumo. Vous n'allez pas prétendre qu'il a trompé jusqu'à Mme Kazama en se contentant d'aller s'installer dans la famille Takada ?

Mori sourit d'un air serein.

— Pas du tout. Le renard n'importunera plus personne à Sumoto, je vous le garantis. Mon raisonnement a été beaucoup moins compliqué. Ayant étudié ce genre de phénomènes, je savais qu'une fois déserté par l'esprit du renard, Takada perdrait la tête. Mon cher ami, je sais bien que vous me soupçonnez d'avoir moi-même perdu la tête, mais ça, c'est votre problème, pas le mien. Je pense que si vous interrogiez des personnes informées, elles vous diraient que ma réputation à Sumoto est loin d'être celle-ci.

Il se tut un instant et, d'une pichenette, se débarrassa d'une poussière à son revers de costume.

— Ils vous diront que je suis considéré comme un bon avocat et un adroit financier. J'observe de près ce qui se passe dans cette ville, messieurs. Je connais toutes les opérations d'Horiuchi et ses liens avec le crime organisé, je connais la cupidité et la déraison de Takada. Moi aussi je pensais qu'il allait tenter d'empêcher Horiuchi de parler, et c'est pour cette raison que j'ai suggéré à l'ami policier de Noriko Ito de surveiller la maison Horiuchi. Je ne voyais pas pourquoi ce sympathique jeune homme n'aurait pas retiré quelque profit personnel de cette affaire. Vous et moi sommes arrivés de la même façon à la même conclusion, inspecteur.

— Eh bien, je ne sais pas ce que vous en pensez, mais nous sommes samedi matin et, après une conversation aussi bizarre, j'ai besoin d'une bonne bière, dit Kuroda tandis que, de l'entrée du bâtiment, Otani et lui regardaient disparaître Mori au coin de la rue. Nous avons largement le temps de boire un verre avant de partir pour Iwaya.

— Entendu. Mais j'aimerais manger des sushi en accompagnement. Regardez ce restaurant, là-bas. On dirait qu'il est en train d'ouvrir.

Quelques minutes plus tard, installés côte à côte sur des tabourets devant la poutre blanche qui formait le comptoir du *sushiya*, ils partageaient une bière Kirin en regardant le cuisinier préparer leurs sushi.

— Mori m'a refait penser à Higashida, dit Otani, et je voudrais vous le recommander encore une fois avant de partir. Il s'est conduit de manière magnifique. Je regrette seulement que, dans la confusion qui régnait hier soir, je n'aie pas pu lui dire adieu de manière convenable. Transmettez-lui mes remerciements et mes salutations, voulez-vous ? Je lui enverrai un mot de Kobe. Et avec votre accord, j'aimerais le proposer pour une citation officielle.

— C'est très attentionné de votre part. Ça n'a pas dû être facile pour lui de passer les menottes à son supérieur, même si celui-ci avait annoncé son intention de vous poignarder. Higashida est un peu jeune pour être promu, mais je vais l'inciter à passer des examens pour grimper plus vite.

Kuroda prit un des sushi aux crevettes qu'on avait

déposés devant eux, le trempa dans la sauce de soja et le croqua.

Otani, qui en avait déjà avalé deux avec de petits bouts d'omelette, agaça ses papilles avec du gingembre au vinaigre avant de s'attaquer au thon.

— Vous savez, vous n'êtes vraiment pas obligé de faire tout le trajet jusqu'à Iwaya, dit-il. C'est déjà très aimable à vous de mettre une de vos voitures à ma disposition, et il me semble que Mori vous en a révélé assez pour vous occuper un bon moment ici à Sumoto, non ?

— En effet, oui, fit Kuroda en souriant. Eh bien, je voulais vous faire les honneurs, mais si vous êtes sûr de...

— J'en suis tout à fait sûr. Et puis, comme vous l'avez dit, c'est samedi.

Il lâcha un soupir.

— Bon sang, tant qu'on n'aura pas retrouvé Mme Suekawa, je n'aurai pas l'esprit en paix. Vous m'appellerez dès que vous aurez découvert où elle se terre, n'est-ce pas ?

— Bien sûr.

— Je suis heureux que Mme Kazama ait réussi à se débarrasser de ce satané renard.

— Allons, vous savez aussi bien que moi que la vieille souffrait simplement d'hallucinations. La thérapie de Mme Kazama a marché, mais toutes ces histoires de renard ne tiennent pas debout.

Otani regarda le jeune policier dans les yeux. Il avait déjà remarqué que Kuroda semblait oublier qu'il était son supérieur hiérarchique, et ses manières devenaient un peu trop familières.

— C'est vous qui avez l'autorité ici pour l'instant, monsieur Kuroda, et ce n'est pas à moi de vous dire comment faire votre métier. Mais puisque je suis sur le point de m'en aller, permettez-moi de vous mettre en garde contre l'excès d'assurance. Je me suis moi-même heurté à de nombreuses impasses depuis une semaine, et il a fallu les talents combinés de Mme Kazama et de M. Mori pour faire surgir la vérité. J'admets utiliser un vocabulaire qui peut vous paraître fantaisiste, mais j'ai eu plusieurs rencontres avec ce que j'ai l'intention de continuer à appeler le renard des Suekawa. Vous feriez bien de fréquenter plus assidûment Mori et de respecter ses opinions. Bien, à présent il faut que je m'en aille. Non, permettez, c'est pour moi, j'insiste.

Il sauta de son tabouret et, tout en tirant son portefeuille de sa poche, se dirigea vers la caisse installée au bout du comptoir en laissant Kuroda digérer cette rebuffade.

Lorsqu'ils eurent traversé la rue et rejoint la voiture de police garée devant le commissariat, le bref moment de tension qui avait surgi entre eux était oublié, et, au moment de se séparer, Otani sourit à Kuroda avec une chaleur non feinte, l'assurant une fois encore qu'il était inutile qu'il l'accompagne jusqu'à Iwaya.

Kuroda tenait la portière ouverte et s'assurait auprès du chauffeur que les affaires d'Otani avaient bien été chargées lorsque l'inspecteur entendit dans son dos une voix familière.

— Inspecteur ! Messieurs ! Un moment, je vous prie !

Otani se retourna et resta bouche bée.

La canne à pommeau d'argent brandie comme pour guider un groupe de touristes, Tadao Mori manifestait comme à son habitude une énergie débordante. A côté de lui, l'inspecteur découvrit une Etsuko Suekawa radieuse. Son visage rayonnait de bonheur, elle était vêtue avec goût et ne paraissait pas plus de trente ans.

Otani avait peine à croire que moins de quarante-huit heures plus tôt, la même femme gisait au sol, l'air hagard et abattu. Kuroda considérait lui aussi les deux arrivants avec des yeux ronds.

— Dès que je suis rentré chez moi, où j'hébergeais Mme Suekawa, je lui ai rapporté l'essentiel de notre conversation, expliqua posément Mori. Mme Suekawa ne voudrait pas que vous vous mépreniez sur son désir de jouir de quelques jours de tranquillité, et elle a insisté pour venir saluer l'inspecteur.

Otani perçut ces paroles comme à travers une épaisse couche de coton, tandis que deux beaux yeux le fixaient un long et éloquent moment, les lèvres pulpeuses palpitant imperceptiblement. Il la fixait avec fascination lorsqu'elle prit la parole.

— Je suis si heureuse que nous soyons arrivés à temps pour vous dire adieu, inspecteur. Je crains que votre séjour au Tokiwa n'ait pas été de tout repos, mais... cela a été un honneur de faire votre connaissance, et j'espère sincèrement que nous aurons l'occasion de nous revoir un jour ou l'autre. Je voulais vous faire savoir que dès que mon divorce aura été prononcé...

— Cette charmante personne a accepté de devenir mon épouse ! gazouilla Mori.

Chapitre 20

Lorsque le chauffeur, après s'être arrêté devant le débarcadère du ferry d'Iwaya, ouvrit d'un geste cérémonieux la portière passager en le gratifiant d'un salut impeccable, Otani dut s'ébrouer pour reprendre pied dans la réalité et s'extirper de la voiture. Il n'avait conservé aucun souvenir du trajet depuis Sumoto, pas plus que des différents villages dont Takada lui avait infligé les noms le jour de son arrivée, et qu'il avait traversés pour la quatrième fois en une semaine, puisqu'il les avait revus une deuxième fois dans le taxi avec Higashida lorsqu'ils étaient venus intercepter Horiuchi, et une troisième à travers les vitres du car durant le trajet retour.

Mais il se ressaisit, récupéra son bagage et remercia le chauffeur, qu'il dut dissuader d'attendre jusqu'au départ du ferry. Une fois que la voiture eut disparu, Otani s'éloigna du petit bureau vendant les tickets et erra sans but le long des quais, replongeant peu à peu dans un état intermédiaire entre la rêverie et la transe.

Le visage d'Etsuko Suekawa, qui avait occupé son esprit durant tout le trajet, resurgit devant ses yeux. C'était la sérénité de son expression qui l'avait fait paraître si jeune, comme si l'exorcisme de sa belle-mère l'avait elle aussi purifiée, adoucie et apaisée. A y repenser, Otani songea que l'aura de sensualité qu'elle dégageait lors de leur première rencontre avait été d'une force inquiétante, presque indomptable, comme s'il n'avait eu qu'à tendre la main pour déchaîner un ouragan de désir.

A présent, au contraire, on eût dit que sa sexualité avait perdu son autonomie, qu'elle avait cessé de l'entraîner contre son gré. La nouvelle Etsuko paraissait confiante, sereine, sûre d'elle, toujours aussi consciente de son exubérante féminité, mais plus du tout — bon sang, il n'y avait qu'un mot pour ça —, plus du tout *possédée*. Et lorsqu'elle avait posé son regard sur lui au moment du départ, elle l'avait fait sans aucun embarras, mais plutôt avec une sorte de tendresse et de complicité amicales, comme s'ils avaient traversé ensemble une dangereuse épreuve ; une épreuve que ni lui ni elle ne pourraient ni ne devraient oublier.

Le spectacle du paisible petit port avec ses bateaux de pêche et ses odeurs de mer et de goudron suscita chez Otani une sorte d'exaltation qui lui rappela le sentiment qu'il éprouvait, écolier, à l'approche des vacances, et qu'il continuait à ressentir lorsqu'il était transféré d'un poste à un autre, d'une mission à l'autre. Il était à présent libre de songer à ce qui l'attendait à la tête de la police du district de Nada. C'était là un défi qu'il se sentait prêt à relever et qu'il attendait avec confiance. Il lui restait une semaine, ce qui lui suffirait largement pour débarrasser son bureau de la préfecture et préparer son esprit à sa nouvelle fonction.

Mais pour l'instant, il se retrouvait seul et hors service pour la première fois depuis près d'une semaine. Dans deux heures à peine, il serait de retour chez lui à Rokko. Il était prévenu des problèmes que pourrait susciter l'enthousiasme révolutionnaire de sa fille Akiko, mais au regard d'un renard ensorcelé, une jeune maoïste ne devrait pas poser de grosses difficultés si l'on savait s'y prendre avec amour et patience.

Son humeur changea brusquement quand il songea à Hanae, la douce et enjouée Hanae qui avait paru si heureuse au téléphone, la veille au soir, en apprenant qu'il rentrait. Il l'avait appelée alors qu'il était encore sous l'influence des décharges d'adrénaline qu'avaient déclenchées en lui les événements brefs mais violents survenus au sanctuaire, et il se dit qu'elle avait sans doute cru qu'il était ivre.

Il s'était en effet abstenu de mentionner à sa femme les risques mortels qu'il avait encourus, se contentant de lui dire que l'enquête était pour l'essentiel bouclée, et que la police locale éclaircirait les zones d'ombre qui subsistaient. Il ne s'étendait jamais beaucoup sur son travail, et Hanae savait qu'elle ne pouvait en escompter plus qu'une description approximative. Pourtant, l'ayant interrogée sur les renards sorciers, il faudrait bien qu'il lui explique les raisons de sa curiosité.

Quelles autres explications lui devait-il ? Au bout du compte, que s'était-il *vraiment* passé entre Etsuko et lui ? L'épisode dans la baignoire était bien réel. Sa chair s'affolait encore lorsqu'il y repensait, et il sentait qu'il s'en souviendrait longtemps encore. Mais que s'était-il passé ensuite ? Lorsqu'il était rentré ivre au Tokiwa après l'expérience troublante qu'il avait vécue au sanctuaire ? Il se souvenait vaguement avoir été accueilli par une Etsuko pleine d'indulgence devant son ivresse. Il croyait se souvenir du parfum étourdissant qu'elle exhalait dans son yukata. Mais ensuite ? L'avait-elle aidé à monter dans sa chambre ou l'avait-il regagnée seul, se traînant à quatre pattes comme un ivrogne de dessin animé ? Avait-ce été un rêve, ce corps à corps brûlant suivi d'un accouplement frénétique ? Et cette sueur, cet épuisement qu'il avait ressentis plus tard lorsque, morne et déprimé, il avait repris conscience, seul au milieu des draps en désordre, le crâne lourd et douloureux, la bouche sèche, l'haleine chargée ? Ou bien avait-il effectivement succombé — avaient-ils tous deux succombé ? Il savait seulement qu'il s'était détesté durant les heures pénibles qui avaient suivi, heures pendant lesquelles, pour il ne savait quelle raison, il avait composé, lui, le moins poétique des hommes, un haïku après l'autre, froissant chaque feuille et la jetant par terre dès qu'il en avait terminé un.

— Ne soyez pas abattu. Il y en a un autre dans une demi-heure.

Otani se retourna d'un bloc, clignant des yeux en reconnaissant le visage de Noriko Ito, puis la silhouette d'Higashida debout derrière elle, souriant d'une oreille à l'autre.

— Je... je m'excuse. J'étais à des milliers de kilomètres. Oh, c'est bien vrai, on dirait que j'ai raté mon ferry, hein ? En tout cas je suis heureux de vous voir tous les deux... mais qu'est-ce qui vous amène ?

— Nous sommes venus vous dire adieu, voilà tout. Nous avons vu arriver votre voiture. Nous voulions vous parler, mais comme vous aviez l'air d'avoir envie de rester seul, nous vous avons laissé.

— Et puis j'ai dit à Noriko-chan qu'il vaudrait mieux que vous ne ratiez pas le ferry suivant, alors nous sommes venus vous trouver, voilà.

Otani leur sourit à tous deux, à présent de plain-pied dans la réalité.

— Ainsi donc, c'est « Noriko-chan », à présent ?

— Je lui ai pourtant bien dit de ne pas se faire d'idées...

— Vous savez, je disais justement à l'inspecteur Kuroda, il n'y a pas une heure, que l'agent Higashida était loin d'être dépourvu d'intelligence, alors je pense qu'il tiendra compte de cet avis. Je vous remercie tous les deux. Pour être venus me dire adieu, mais aussi pour tout ce que vous avez fait pour moi cette semaine. Savez-vous que les Suekawa divorcent et que Mme Suekawa a l'intention d'épouser M. Mori ?

Noriko fit une grimace comique.

— Oui, je le savais. Il était si excité qu'il m'a appelée aussitôt pour m'apprendre la nouvelle, vous vous rendez compte ! J'ai eu de la peine à ne pas éclater de rire.

Elle se tourna vers Higashida et le repoussa avec une irritation feinte.

— Laisse-nous une minute. J'ai quelque chose à dire à l'inspecteur.

Toujours souriant mais un peu décontenancé, Higashida s'écarta pendant que Noriko prenait Otani par le bras.

— J'ai repensé à vos haïkus. Il y en a deux qui sont particulièrement bons, vous savez.

Elle tourna la tête vers la mer et récita, d'une voix sonore qui n'avait rien à voir avec sa façon habituelle de parler :

« Mon cœur brûle, éperdu.
Dévoré de passion, mes mains tendues
N'ont rencontré que le vide. »

— Noriko, vous m'embarrassez. La meilleure chose que vous pourriez faire serait d'oublier ces vers de mirliton que j'ai eu l'imprudence de laisser traîner.

— Ce ne sont pas des vers de mirliton, vous êtes bien trop modeste. Mais je ne suis pas convaincue par « dévoré de passion ». Cela fait un peu cliché, en toute sincérité. Que diriez-vous de « tout étourdi d'amour » ? Ou de « de désir envoûté » ? Même nombre de syllabes. A propos, je suis désolée de vous avoir dit ce que je vous ai dit sur Etsuko. Je sais que vous n'avez pas apprécié. Promettez-moi de ne pas vous moquer de moi, mais j'étais un peu jalouse, au fond.

— Je ne me moquerai pas de vous, pas du tout. En fait, cela m'honore. Même si je préférerais que le sol s'ouvre sous mes pieds et m'engloutisse. Bon, à présent il faut que j'aille acheter mon ticket. Regardez, le ferry est là.

Noriko ne lui avait toujours pas lâché le bras.

— Je n'ai pas fini. Vous en avez écrit un bien meilleur :

« Dérouté par les flammes du renard
Je me suis égaré,
Mais tu m'as secouru et guidé. »

»Celui-ci m'a fait pleurer. Notez-le au propre quand vous rentrerez, avec un pinceau.

Elle ôta la main de son bras pour fouiller dans son sac.

— J'en ai écrit un pour vous, dit-elle en tendant gauchement une enveloppe à Otani.

Il ouvrit lentement le rabat et sortit un rectangle de carton au recto protégé par une feuille de papier de riz translucide.

« La justice est un rêve.
Bien plus émouvante est l'humanité
D'un cœur généreux. »

— Je crains que ma calligraphie soit loin d'égaler celle de M. Mori, ajouta-t-elle.

Otani la regarda, un instant incapable de parler.

— C'est magnifique. Je vais le conserver précieusement. Je vous remercie du fond du cœur, Noriko-chan.

Épilogue

Le présent

— Tu n'en veux pas trop à ton grand-père, hein ?

— Non, mais je voulais aller vous attendre à Iwaya, fit Kazuo Shimizu avec un reste d'amertume.

— Tu sais que ce n'était pas possible, rétorqua vivement sa mère. D'abord nous ne savions pas exactement à quelle heure arrivaient tes grands-parents, ensuite le car s'arrête juste devant chez nous, et enfin tu étais à l'école.

— Écoute, intervint Otani. Si ton père et ta mère sont d'accord, nous irons voir les remous de Naruto en car, samedi ou dimanche. Qu'en dis-tu ?

— Seulement toi et moi ?

— Seulement toi et moi.

— Bon, d'accord. Tu veux venir voir mes jouets, maintenant ?

Une fois seules, Hanae et sa fille se regardèrent.

— Je suis désolée qu'Akira ne soit pas là pour te saluer, maman. Surtout la première fois que vous venez nous voir. Mais il a dû aller à Sumoto pour conclure l'achat de notre nouveau terrain. Il m'a dit qu'il reviendrait à 5 heures au plus tard.

Hanae examina la cuisine, meublée avec simplicité, mais impeccable et spacieuse. La première fois qu'elle avait vu la vieille maison qu'ils avaient achetée avec le terrain et les hangars, elle l'avait trouvée insalubre et mal agencée, mais elle devait reconnaître qu'ils en avaient tiré un parti extraordinaire. C'était devenu un intérieur solide, bien proportionné, paisible et accueillant, l'exact opposé du « pavillon pour cadres » exigu, dépourvu de charme et coûteux qu'ils occupaient auparavant dans la Nouvelle Ville de Senri, et qu'elle leur avait pourtant au départ fermement déconseillé de quitter.

— Tu veux dire que vous songez déjà à vous agrandir ?

Akiko eut un sourire où se mêlaient fierté et pointe de malice.

— Tu connais Akira. Je suis sûre que s'il échouait sur une île déserte, il trouverait le moyen de fonder une entreprise de construction dans les six mois. Les tomates et les concombres se sont très bien vendus, mais il pense que la tendance est plutôt aux fruits et légumes exotiques. Il se trouve qu'un de nos voisins voulait vendre pour aller en Australie, dans une de ces maisons de retraite qui font fureur en ce moment. Le terrain ne fait qu'un hectare, mais quand nous aurons installé le système de culture hydroponique, nous serons l'une des plus grosses entreprises de la région.

Hanae opina du chef bien qu'elle eût une compréhension très vague de ce que lui disait sa fille.

— Je suis sûre que vous faites pour le mieux. La vie semble te combler, ma chérie.

Akiko avait l'air en effet détendue et bien portante, vêtue avec élégance et décontraction d'un jean et d'une chemise à carreaux de coupe masculine.

— Je suppose que vous vous êtes fait des tas d'amis ?

— Quelques-uns. Je participe aux réunions de parents

d'élèves à l'école de Kazuo, alors je rencontre d'autres mamans, mais je ne cherche pas trop à sympathiser. Nous voyons surtout un couple de notre âge avec qui nous sommes très proches. C'est notre avocat à Sumoto, en fait. C'est avec lui qu'Akira est parti. Lui et sa femme nous ont énormément aidés, et nous sommes devenus amis. Nous finirons peut-être par nous associer avec eux. Je pense que vous aurez l'occasion de les rencontrer pendant votre séjour, ils passent souvent nous voir le week-end.

Otani hésita un instant avant de pénétrer sous le torii de l'entrée principale du sanctuaire Inari, puis il le franchit d'un pas décidé et balaya du regard le terrain extérieur. L'école maternelle et le parking étaient toujours là, mais les banderoles et inscriptions avaient disparu, révélant des charpentes vieillies, battues par les intempéries et non entretenues. Pourtant le temple continuait de susciter l'affluence. Des gens ne cessaient d'aller et venir, un groupe de lycéennes en uniforme posait pour une photo souvenir avec en arrière-plan les marches de pierre menant à l'enceinte intérieure, juste devant le torii plus modeste et les deux statues de renard dont le commissaire se souvenait si bien. Non, c'est juste que le sanctuaire Inari avait perdu l'aspect faux brillant qu'il avait une vingtaine d'années plus tôt, et Otani l'en trouva bien amélioré.

Il grimpa les marches, remarqua qu'un des renards avait perdu une oreille, et que des taches de lichen constellaient les deux gardiens de pierre. Le bureau administratif du sanctuaire était ouvert, et Otani, désireux de tirer sa chance, donna cinquante yens à une jolie fille vêtue du costume rouge et blanc des vierges du temple, ses brillants cheveux noirs glissés, sur la nuque, dans un tube doré. Elle le regarda élever et agiter le long récipient hexagonal posé sur le comptoir, puis, par l'étroite ouverture ménagée à un bout, en retirer un mince bâtonnet de bambou.

— Numéro 19, s'il vous plaît, dit-il après avoir examiné l'extrémité aplatie du bambou.

La fille lui remit un petit bout de papier imprimé qu'elle retira d'une des boîtes à casiers situées de son côté du comptoir. Otani lut attentivement le message. Chance favorable, disait-il. Pas aussi bien que Chance extraordinaire, mais tout de même mieux que le simple Bonne chance, qui était le message le plus défavorable qu'il soit possible de tirer. Lorsqu'on tirait un message de Bonne chance, il fallait s'attendre à brève échéance à voir survenir une faillite, une maladie ou une autre catastrophe. Naturellement, on pouvait tenter d'annuler la prophétie en pliant le papier en long, de façon à en faire un petit lien qu'on nouait à un arbre ou à tout autre endroit proche du sanctuaire intérieur.

Chance favorable. Je ne peux espérer beaucoup mieux à mon âge, songea Otani. Il déchiffra les pattes de mouche des prédictions en script phonétique. Santé, pas trop mauvaise. Argent, pas de gros problèmes s'il évitait l'extravagance. Soyez prudent en voiture. Cultivez vos amitiés... cultivez vos amitiés.

— *Gomen kudasai !*

On ne répondit pas tout de suite. Otani regrettait déjà son impulsivité et s'apprêtait, avec un certain soulagement, à faire demi-tour. Ne lui suffisait-il pas de savoir que l'auberge Tokiwa était toujours là, toujours en activité et, d'après ce qu'on lui avait assuré, beaucoup plus prospère qu'autrefois ? Il n'était décidément qu'un vieil idiot sentimental et...

— *Hai, irasshaimase !* Désolée de vous avoir fait attendre. Entrez, je vous en prie. Quelle merveilleuse journée, n'est-ce... *Ara !* Est-ce... est-ce vraiment vous ?

— Madame Mori, je suppose ? Bonsoir. Oui, c'est moi, Otani. Cela fait bien longtemps, n'est-ce pas ?

— ... c'est pourquoi, comme je vous le disais, je n'aurais jamais osé vous déranger si je n'avais appris que, par une coïncidence extraordinaire, ma fille et son mari étaient amis avec les Higashida. J'ai été stupéfait de les voir à la maison ce week-end. Et eux aussi, je crois bien.

— Non, détrompez-vous. Peu après avoir fait connaissance avec les Shimizu, Noriko a découvert que Mme Shimizu était votre fille, mais, je ne sais pourquoi, elle ne voulait pas que vous le sachiez. Ainsi elle s'est tenue informée de vous durant toutes ces années.

— J'aurais aimé le savoir.

Etsuko Mori haussa les épaules avec élégance. Elle avait perdu du poids, mais paraissait en bonne santé et très à la mode avec sa robe de soie à l'occidentale. On avait ajouté une aile à l'auberge, et ils étaient installés dans les fauteuils d'un bar moderne aménagé, d'après les souvenirs d'Otani, à la place de l'ancienne cuisine.

— Cela valait probablement mieux ainsi, rétorqua-t-elle.

— Je m'en veux de ne pas avoir consulté plus souvent les listes du personnel. J'aurais su plus tôt qu'il avait quitté la police pour devenir avocat. Il a pris l'étude de feu votre mari, n'est-ce pas ? A ce propos, je tiens à vous exprimer toutes mes condoléances.

— Je vous remercie. Ça a été une grande perte pour moi ; mais nous avons passé dix années merveilleuses, et il était prêt lorsque le moment est venu. Je suppose que vous le considériez comme un vieux pète-sec, mais vous ne savez pas combien il pouvait être *drôle*, parfois... Cela étonnerait sans doute beaucoup de gens, mais je le connaissais depuis que nous étions tout jeunes, vous comprenez. C'est à cette époque que j'étais tombée amoureuse de lui. Mon seul regret est qu'il ne m'ait pas demandée en mariage aussitôt après le décès de sa première femme, mais il était tellement rongé de culpabilité...

— De culpabilité ?

Etsuko sourit. Les années l'avaient marquée, songea Otani, mais elle avait gardé ses lèvres pleines et ses beaux yeux profonds.

— Oui. Il avait dû arranger mon mariage à la hâte, mais il estimait que c'était une décision raisonnable de ma part. Ce n'est que plus tard que mon premier mari a fait péricliter l'auberge. Puis la vieille Mme Suekawa a commencé à perdre la tête avec son histoire de renard, et c'est devenu une véritable obsession pour mon mari — je veux parler de Tadao. Il était convaincu qu'il était en partie responsable du sortilège qui pesait sur moi, et il a voulu se racheter en économisant autant qu'il a pu pour investir à mon nom — tout en subventionnant le Tokiwa pendant des années.

— Je me suis demandé pourquoi il n'avait pas demandé beaucoup plus tôt à Mme Kazama d'exorciser la vieille Suekawa.

— Je crois qu'il n'y avait jamais pensé avant que Noriko n'en parle, peu de temps avant le meurtre. Les Ito vivaient près de chez Mme Kazama, et Noriko la connaissait depuis toujours, mais Noriko n'avait certainement pas entendu parler du renard avant de venir travailler au Tokiwa.

— Je me suis posé des tas de questions depuis vingt ans, vous savez.

— Moi aussi, commissaire. Car vous êtes devenu commissaire, n'est-ce pas ?

Devant son sourire où perçait une pointe d'impertinence, Otani détourna le regard d'un air embarrassé.

— Euh... oui, c'est exact. Mais cela n'a vraiment pas d'importance. Pour en revenir à Noriko... Pourriez-vous satisfaire ma curiosité sur deux points que je n'ai jamais élucidés ?

— Je vais essayer. Quels sont ces deux points ?

— Eh bien, d'abord, je n'ai jamais compris comment une fille comme elle avait pu se retrouver servante dans une auberge. Le second est un détail qui me turlupine encore de temps en temps. Voilà : le matin où j'ai quitté Sumoto, le même matin où Mori-sensei vous a conduite au commissariat et nous a fait part de vos fiançailles, il avait d'abord téléphoné à Noriko pour lui annoncer la nouvelle. Pourquoi donc ?

— Eh bien, ça n'a rien de mystérieux. C'était son père.

— *Quoi ?*

La stupéfaction d'Otani ravit Etsuko.

— Eh oui, et je suis sa mère. Je vous ai dit que j'étais tombée amoureuse de lui il y a longtemps. Oh, n'allez pas penser qu'il a profité de moi. C'est plutôt le contraire qui est vrai. Je suis restée un moment chez les Ito quand ma fille est née, puis ils l'ont élevée. Noriko a appris la vérité à seize ans, et elle s'est rapidement rapprochée de son vrai père. Ça ne l'empêche pas, aujourd'hui encore, de considérer les Ito comme ses parents de cœur.

Otani hochait la tête en écoutant, tandis qu'Etsuko prenait une expression rêveuse en poursuivant son récit.

— Il m'a fallu très longtemps pour la faire se départir de son agressivité envers moi. Noriko est venue travailler au Tokiwa sur l'insistance de Tadao. Les convictions communistes de sa fille l'impressionnaient tellement qu'il s'était dit que si quelqu'un était capable de résister à l'influence maléfique du renard, et peut-être même à nous en débarrasser, c'était bien elle. Mais même Noriko n'a pu supporter l'atmosphère qui régnait ici, et elle a vite cessé de dormir à l'auberge. Au bout d'un moment, elle a compris ce que je subissais avec Suekawa et ma belle-mère, et cette compréhension m'a aidée, elle m'a aidée plus qu'elle ne l'imagine.

— Je vous suis sincèrement reconnaissant de me dire tout ceci, fit Otani. J'ai aimé Noriko dès le premier instant. A présent je réalise à quel point elle est forte.

Il soupira.

— Et dire que j'ai failli ne pas venir ici aujourd'hui ! Pour vous dire la vérité, j'appréhendais un peu le moment de vous revoir, même si le renard maléfique a été chassé depuis longtemps.

Il se leva sans la quitter du regard, et Etsuko continua de le considérer avec un air de secrète satisfaction sur le visage.

— Ça n'a tout de même pas été une semaine trop désagréable pour vous, il me semble, fit-elle. Et même si ce n'est pas l'époque la plus heureuse de ma vie, je suis ravie qu'elle m'ait donné l'occasion de vous connaître. Si vous souhaitez venir passer quelques jours, vous serez toujours le bienvenu, commissaire.

Elle se leva.

— Malheureusement nous n'avons plus de bains collectifs. Ils ont été interdits par arrêté municipal.

Cet ouvrage a été réalisé par la
SOCIÉTÉ NOUVELLE FIRMIN-DIDOT
Mesnil-sur-l'Estrée
pour le compte des Éditions U.G.E. 10/18
en juin 1997

Imprimé en France
Dépôt légal : janvier 1994
N° d'édition : 2349 – N° d'impression : 39129
Nouveau tirage : juin 1997